「学校図書館ガイドライン」活用ハンドブック 実践編

堀川 照代

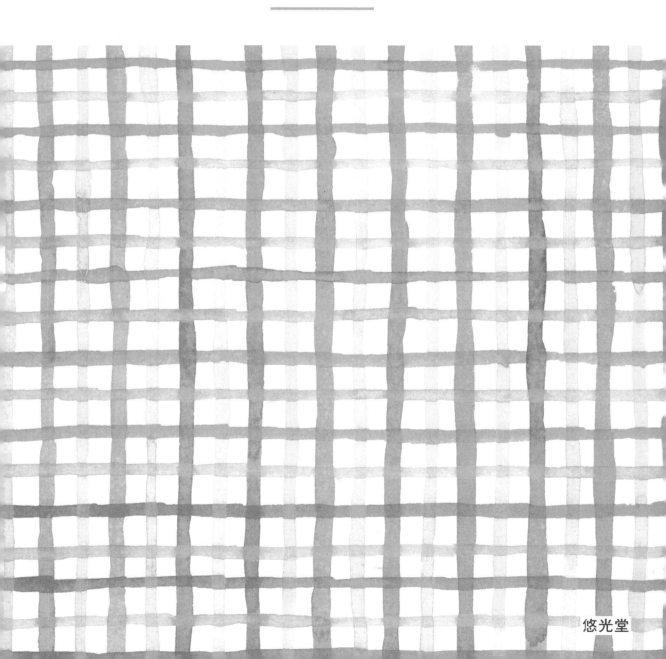

悠光堂

はじめに

　本書は,『「学校図書館ガイドライン」活用ハンドブック』の「解説編」(2018年)に続く2冊目「実践編」である。「学校図書館ガイドライン」は2016年11月に「教育委員会や学校等にとって参考となるよう,学校図書館の運営上の重要な事項についてその望ましい在り方を示したもの」として文部科学省から通知されたものである。

　前書「解説編」では,「学校図書館ガイドライン」の構成に沿って解説を行い,参考となる事例を示した。全国の学校図書館の整備状況が少しでも底上げされることを願ったものである。本書「実践編」では,さらに現場で具体的に役立つことを意図して,学校図書館の運営・利活用等に関する基本事項を「Q&A」で示し,ぜひ紹介したい「事例」を実践者に執筆していただいた。巻末には,学校図書館運営のための「ステップアップ」を3段階で示した。

　学校図書館活用事例は多くの類書に見られることから,本書では利活用に加え,特に,図書館運営に関する実践,特別支援学校の実践,LLブックやサピエ図書館,学校図書館支援センターの実践などを取り上げた。これらの実践において執筆者の多くの方々が,「眼に見える形にする」(可視化,見える化)ことと「仕組みをつくる」ことの重要性を指摘している。どの校種においても,計画や広報などのどの実践場面においても,この2点の重要性は共通である。皆さまの所属がどの校種であっても,各事例を参考にして応用することができる。各事例から,「どのように可視化されているのか」「どのように仕組みがつくられているのか」をぜひ抽出していただきたい。それを参考にして,自校に即した「可視化」と「仕組み」を少しずつでいいから具現化していっていただけたら有難く存する。

　各事例には,実践の「ポイント」を筆者に示していただいた。また,事例説明に余白のあるところには,編者のひとりごととして本文の中からこれはいいと思う箇所を繰り返し記させていただいた。

　本書の「解説編」及び「実践編」が共に,少しでも全国の学校図書館に関わる方々のお役に立てることを心から願っている。

2019年8月

堀川　照代

刊行によせて

　このたび,『「学校図書館ガイドライン」活用ハンドブック　実践編』の刊行にあたり, 前回の「解説編」に引き続き編集を務められた青山学院女子短期大学の堀川照代教授をはじめ, 執筆にあたられた諸先生方に感謝申し上げたい。

　この「実践編」では, 学校図書館ガイドラインを踏まえた学校図書館の運営や授業の実践に際して学校現場から寄せられるであろう疑問に対し, 前半においてはQ&A方式で簡にして要を得た回答と助言が与えられている。また, 後半においては学校図書館ガイドラインの各項目に沿いつつ, 豊富で多様な事例が紹介されている。とりわけ, 特別支援学校における学校図書館の運営やサピエ図書館の紹介, あるいは学校図書館と公共図書館との連携といった, 今日的なテーマに関する事例の紹介は, 当省としても大いに参考とさせていただきたい。

　平成28年の学校図書館ガイドラインの策定から既に2年以上が経過した。この間, 国としては, 平成29年度から令和3年度までの第5次「学校図書館図書整備等5か年計画」を策定し, 図書の整備, 新聞の配備, 学校司書の配置を進めるため, 単年度約470億円, 5か年で約2,350億円の地方財政措置を講じている。全国の学校関係者の皆様には, 引き続き地方財政措置を活用いただき, 「解説編」及び本書も参考にしながら, 学校図書館の整備充実に努めていただくようあらためてお願い申し上げたい。

　また, 平成30年4月には, 第4次の「子供の読書活動の推進に関する基本的な計画」が閣議決定された。これは, 「子どもの読書活動の推進に関する法律」に基づき, 概ね5年にわたる子供の読書活動の推進に関する基本方針と具体的方策を示したもので, 本計画においては, 児童生徒の豊かな読書経験の機会を充実し, 学校における多様な教育活動を展開していくためにも, 魅力的な学校図書館資料の整備・充実, 学校図書館の施設整備, 情報化等が必要であると謳っている。また, 司書教諭や学校司書といった人的体制の充実や, 学校・家庭・地域が連携した子供の読書活動の取組も重要であるとしている。

　同年10月, 文部科学省では学校教育政策と社会教育政策の総合的, 横断的な推進を目指して組織再編が行われ, これまで初等中等教育局で担当してきた学校図書館行政が, 総合教育政策局へと移管された。さらに, 平成31年4月には, 同局の地域学習推進課内に公共図書館, 学校図書館, 子供の読書活動の推進を一体的に担う図書館・学校図書館振興室が新たに設置されたところである。今後, 一元化された組織において, 学校図書館の専門性を尊重しつつ, 組織再編の趣旨

も踏まえながら，公共図書館や子供の読書活動の推進施策との有機的・効果的な連携を図っていくこととしたい。なお，文部科学省の組織再編については，巻末「文部科学省の組織再編と図書館・学校図書館振興室の設置について」を参照されたい。

　改元を経て，令和2年度からはいよいよ新しい学習指導要領による教育課程が順次実施されていくこととなる。「主体的・対話的で深い学び」の実現に向けた授業改善に学校図書館を生かすことが，新学習指導要領の総則に明記された意義は大きい。「読書センター」「学習センター」「情報センター」としての機能を持つ学校図書館が教科横断的に活用され，各学校におけるカリキュラム・マネジメントにも寄与することを期待したい。

　変化が激しく予測困難なSociety5.0の時代に生きていく子供たちには，自ら課題を見つけ，それを解決していく力や，学びに向かう力も求められている。読解力や表現力，感性や創造力を育む礎として，学校図書館の果たすべき役割は極めて大きい。学校図書館の一層の整備充実に向け，文部科学省としても不断の取組を進めていきたいと考えている。本書を手に取られた学校図書館関係者各位に対し，引き続き御理解と御協力をお願い申し上げる。

2019年6月
文部科学省総合教育政策局地域学習推進課長
中野　理美

『「学校図書館ガイドライン」活用ハンドブック』の活用について

　今日，学校図書館の役割や価値に関する理解を深め，活用を促進することが喫緊の課題である。2020年4月から新学習指導要領による教育課程が小学校から順次実施され，「主体的・対話的で深い学び」（アクティブ・ラーニングの視点）での授業改善が求められている。このことにより，各教科，生活科や総合的な学習の時間において，学校図書館にある多様な資料を活用したり，本の内容を読み解いたり，友人と議論を交わすなど学習者主体の授業実践が欠かせない。

　加えて，新学習指導要領には，各教科等の目標，内容が「知識及び技能」「思考力・判断力・表現力等」「学びに向かう力，人間性等」の順で記載されており，教科横断的な視点による授業改善を容易にしている。教科横断的な視点とは，学習内容を同一にすることではなく，「育成すべき資質・能力」を明確にすることである。具体的には，子供たちが自ら資料を調べ，課題を追究し，結果をまとめる能力や，能動的な読書（インタラクティブ・リーディング）によって著者の考えや情報を読み解きながら自分の考えを形成する言語能力であり，これらの能力を育成することである。

　今後，学校図書館が2つの目的（教育課程の展開に寄与する，健全な教養を育成する）を具現化する，3つの機能（学習センター，情報センター，読書センター）を十分に発揮するには，校長等の管理職，司書教諭や一般の教諭，学校司書や学校図書館担当職員，ボランティア，教育委員会等が，それぞれの立場で求められている役割を果たしたうえで，互いに連携・協力し，組織的に取り組むことが重要である。こうした取り組みによる教育課程の編成・実施・評価の改善に本書（実践編）と前書（解説編）を併せて活用してほしい。また，学校図書館の機能を向上するには，中・長期的な視点による計画的・継続的な方策が重要である。

　学校図書館に直接関わる人たちに加えて一人でも多くの人が，『「学校図書館ガイドライン」活用ハンドブック』の「解説編」と「実践編」を活用して日々の授業改善に取り組み，子供たちの主体的な学びを深めることができれば幸甚である。

2019年8月
公益社団法人全国学校図書館協議会理事長
設楽　敬一

本書の読み方・使い方

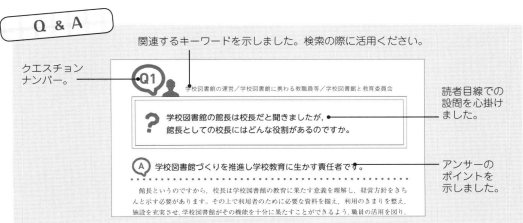

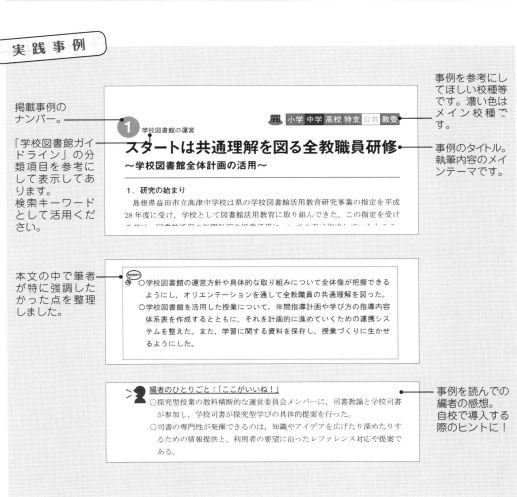

目　次

はじめに‥‥‥‥‥‥‥‥‥‥‥‥‥‥‥‥‥‥‥‥‥‥‥‥‥‥‥‥‥‥‥‥ 3

刊行によせて‥‥‥‥‥‥‥‥‥‥‥‥‥‥‥‥‥‥‥‥‥‥‥‥‥‥‥‥‥ 4

『「学校図書館ガイドライン」活用ハンドブック』の活用について‥‥‥‥‥ 6

本書の読み方・使い方‥‥‥‥‥‥‥‥‥‥‥‥‥‥‥‥‥‥‥‥‥‥‥‥ 7

学校図書館の整備充実について（通知）‥‥‥‥‥‥‥‥‥‥‥‥‥‥‥‥ 12

学校図書館ガイドライン‥‥‥‥‥‥‥‥‥‥‥‥‥‥‥‥‥‥‥‥‥‥‥ 14

❓ Q&A ‥‥‥‥‥‥‥‥‥‥‥‥‥‥‥‥‥‥‥‥‥‥‥‥‥‥‥‥‥ 21

Q1　学校図書館の館長は校長だと聞きましたが，
　　館長としての校長にはどんな役割があるのですか。‥‥‥‥‥‥‥‥ 22

Q2　校長は，具体的にどうすれば，学校図書館において
　　リーダーシップを発揮したことになるのでしょうか。‥‥‥‥‥‥‥ 23

Q3　学校運営組織に学校図書館をどのように位置付けたらよいのでしょうか。
　　学校図書館は司書教諭に任せておけばよいのでしょうか。‥‥‥‥‥ 24

Q4　学校図書館にはどのような計画が必要ですか。
　　また，年間計画は誰がどのように作成したらよいのでしょうか。‥‥ 25

Q5　教育活動では学校がチームとして取り組むという考え方が大切だと思いますが，
　　学校図書館を全校職員が利活用するために必要なことは何ですか。‥ 26

Q6　学校図書館への教職員の共通理解を図るためには
　　どのような方法がありますか。具体的に教えてください。‥‥‥‥‥ 27

Q7　学校図書館の校内研修にはどのような方法があるのか
　　具体的に教えてください。‥‥‥‥‥‥‥‥‥‥‥‥‥‥‥‥‥‥‥ 28

Q8　学校図書館運営の中核となる司書教諭と学校司書とは，
　　どのように連携していったらよいのでしょうか。‥‥‥‥‥‥‥‥‥ 29

Q9　教員の教育活動への支援は，どのようにしたらよいでしょうか。‥‥ 30

Q10	教育委員会の学校図書館担当者（指導主事）とは 　　どのように連携したらよいのでしょうか。	31
Q11	学校図書館ボランティアの方々の協力に感謝していますが，ボランティアとして 　　学校で活動してもらう際に伝えるべき留意事項とは何でしょうか。	32
Q12	「主体的・対話的で深い学び」に学校図書館は， 　　どう対応したらよいでしょうか。	33
Q13	授業の実施にあたって，司書教諭や学校司書は授業者と 　　どのような打ち合わせをしておいたらよいのでしょうか。	34
Q14	読書活動を推進していく上で，学校図書館としては， 　　どんな取り組みや工夫をしていけばよいでしょうか。	35
Q15	探究的な学習とはどのようなものですか。 　　どのように支援したらよいのでしょうか。	36
Q16	学校図書館の目的の一つに「情報活用能力の育成」も含まれていますが， 　　それは情報教育で行うことではないのですか。	37
Q17	児童生徒にとって，よりよい心の居場所となるような学校図書館にするためには， 　　どのような工夫や対応が必要でしょうか。	38
Q18	学校図書館資料の提供において， 　　どのようなことに留意したらよいのでしょうか。	39
Q19	学習を支える資料が備える基本的な条件とは何でしょうか。	40
Q20	自作資料や児童生徒の作品などは， 　　どのように保管・活用したらよいのでしょうか。	41
Q21	学校図書館は，読書の場，学習の場として， 　　どのような環境を整えることが大切なのでしょうか。	42
Q22	学校図書館の広さには基準があるのですか。 　　また，明るさの基準などがあれば教えてください。	43
Q23	学習センター・情報センター・読書センターとしての機能を 　　十分に果たすために，学校図書館にはどのような施設が必要でしょうか。	44
Q24	学校図書館における「合理的な配慮」について教えてください。	45
Q25	ディスレクシアの児童のために，蔵書をもとに音声図書を作りたいと思っています。 　　小学校の学校図書館なのですが，著作権者への許諾は必要ですか。	46
Q26	点字図書などはどのように整備充実すればよいですか。 　　その方法も教えてください。	47
Q27	1校の学校図書館だけではできないこともあります。学校図書館は 　　地域とどのように連携していけばよいのでしょうか。	48

Q28	学校図書館は「公共図書館との連携が大切だ」といわれていますが，具体的には，どのように連携していけばよいのでしょうか。	49
Q29	公共図書館にも学校図書館にも本がたくさんありますが，公共図書館と学校図書館とはどのように違うのでしょうか。	50
Q30	学校図書館活用を活性化させるために，県や市の教育委員会が果たすべき役割とは何でしょう。	51
Q31	学校図書館活用の具体的な推進を図るための教育委員会と学校との連携方法について教えてください。	52
Q32	教育委員会が行う学校図書館に関わる研修について，対象者や研修内容，研修の進め方等について教えてください。	53
Q33	学校図書館活用と教科指導との関係や，その計画を作成する業務分担はどのようにすればよいのでしょうか。	54
Q34	ある教育委員会では学校図書館の館長である校長に対して辞令を発令したと聞きました。どのような効果が期待されますか。	55
Q35	学校図書館と予算との関係や考え方について教えてください。	56
Q36	学校図書館の評価は，どのような方法で，またどのような観点で実施したらよいでしょうか。	57
Q37	学校図書館の評価にあたっては，どのような基準・指標を用いたらよいでしょうか。	58
Q38	学校図書館の実践や研究を学んだり発表したりする機会にはどのようなものがありますか。	59
Q39	学校図書館の実践や研究をまとめたものを応募する機会やコンクールはありますか。また助成を受ける機会はありますか。	60

実践事例 ・・・ 61

1 スタートは共通理解を図る全教職員研修 ・・・ 62
2 協働意識を向上させる学校図書館経営案作成 ・・・ 66
3 情報活用能力を可視化する学び方指導体系表 ・・・ 70
4 図書館とICTを活用した理科の授業づくり ・・・ 75
5 図書館活用シラバスが効果を可視化 ・・・ 79

6	気軽に参加できる当日読みの読書会	84
7	動いている社会を実感させる新聞活用	88
8	4つのねらいがある学校図書館の展示	93
9	生徒の思いを図書館で	97
10	アイデアあふれる読書活動と図書館活用授業の推進	102
11	自由に利用できる居心地のよい環境づくり	106
12	障害の特性に応じた読書活動の推進	110
13	将来を見通した情報活用能力の育成	114
14	全ての人に読書の楽しみを	119
15	点字・録音・電子図書の宝庫	125
16	点字・デイジーで本を読もう	130
17	研究会活動を通して互いに高め合う学校司書	134
18	学校図書館支援の具体的なノウハウ	138
19	支援センターを中心とした3つのネットワーク	142
20	学校図書館担当者を支える学校図書館活用アドバイザー	147
21	学校図書館教育充実への支援	151
22	子供たちの読書による学び・成長を支援	155

資料 159

学校図書館担当者（司書教諭・学校司書等）のための　学校図書館の仕事ステップアップ　161

まとめ　170

文部科学省の組織再編と図書館・学校図書館振興室の設置について　174

執筆者一覧　176

おわりに　178

28文科初第1172号
平成28年11月29日

文部科学省初等中等教育局長
藤原　誠

学校図書館の整備充実について（通知）

　学校図書館は，学校図書館法において，学校教育において欠くことのできない基礎的な設備であり，学校の教育課程の展開に寄与するとともに，児童又は生徒の健全な教養を育成することを目的として設けられる学校の設備であるとされています。

　文部科学省では，学校図書館の運営に係る基本的な視点や学校司書の資格・養成等の在り方等について検討するため，「学校図書館の整備充実に関する調査研究協力者会議」を設置し，本年10月に「これからの学校図書館の整備充実について（報告）」（以下「本報告」という。）（別添参考資料）を取りまとめていただいたところです。

　このたび，本報告を踏まえ，文部科学省として，別添のとおり「学校図書館ガイドライン」（別添1）及び「学校司書のモデルカリキュラム」（別添2）を定めましたので，お知らせします。

　貴職におかれては，下記の事項に御留意いただくとともに，都道府県・指定都市教育委員会教育長にあっては所管の学校及び域内の市区町村教育委員会に対して，都道府県知事にあっては所轄の私立学校に対して，国立大学法人学長にあっては設置する附属学校に対して，株式会社立学校を認定した地方公共団体の長にあっては認可した学校に対して，本通知について周知を図るようお願いします。

記

1　「学校図書館ガイドライン」について

　「学校図書館ガイドライン」は，教育委員会や学校等にとって参考となるよう，学校図書館の運営上の重要な事項についてその望ましい在り方を示したものであること。本ガイドラインを参考に，学校図書館の整備充実を図ることが重要であること。

2　**教育委員会等における取組**

(1) 学校が学校図書館の機能を十分に利活用できるよう支援し，学校図書館の充実に向けた施策を推進することが重要であること。特に，図書館資料の面では，学校図書館図書標準を達成していない学校への達成に向けた支援や，廃棄・更新についての支援等が重要であること。

(2) 司書教諭については，学校図書館法における司書教諭の配置に関する規定に基づき，12学級以上の学校に必ず司書教諭を配置することを徹底する必要があること。加えて，司書教諭が学校図書館に関する業務により専念できるよう，校務分掌上の工夫に取り組むとともに，11学級以下の学校における配置の推進にも積極的に取り組むことが重要であること。

(3) 学校司書の配置については，職務が十分に果たせるよう，その充実に向けた取組とともに，学校司書の職務の内容が専門的知識及び技能を必要とするものであることから，継続的な勤務に基づく知識や経験の蓄積が求められることを踏まえ，一定の資質を備えた学校司書の配置やその支援を継続して行うことが重要であること。

また，「学校司書のモデルカリキュラム」は，学校司書が職務を遂行するに当たって，履修していることが望ましいものであり，教育委員会等においては，大学等における開講状況や学生等の履修状況等も踏まえつつ，将来的にモデルカリキュラムの履修者である学校司書を配置することが期待されること。

(4) 司書教諭や学校司書を対象とした研修を実施するなど，その資質能力の向上を図ることが重要であること。研修内容等については，職務経験や能力に応じて研修内容の構成及び研修方法を工夫して設定することが重要であること。

3 学校における取組

(1) 学校においては，校長のリーダーシップの下，学校図書館の適切な運営や利活用など学校図書館の充実に向けた取組を推進することが重要であること。

特に，学習指導要領等を踏まえ，学校図書館の機能を計画的に利活用し，児童生徒の主体的・意欲的な学習活動や読書活動を充実することが重要であること。

(2) 学校図書館を利活用した授業に関する校内研修を計画的に実施することが重要であること。その際，研修内容や研修方法の工夫を図ることが有効であること。

(3) 学校図書館の運営の改善のため，PDCAサイクルの中で，読書活動など児童生徒の状況等を含め，学校図書館の評価を学校評価の一環として組織的に行い，評価結果に基づき，運営の改善を図ることが重要であること。

※「学校図書館の整備充実について（通知）」（文部科学省）(http://www.mext.go.jp/a_menu/shotou/dokusho/link/1380597.htm) より作成

学校図書館ガイドライン

　学校図書館をめぐる現状と課題を踏まえ，さらなる学校図書館の整備充実を図るため，教育委員会や学校等にとって参考となるよう，学校図書館の運営上の重要な事項についてその望ましい在り方を示す，「学校図書館ガイドライン」を定める。同ガイドラインは以下の構成とする。

> （1）学校図書館の目的・機能
> （2）学校図書館の運営
> （3）学校図書館の利活用
> （4）学校図書館に携わる教職員等
> （5）学校図書館における図書館資料
> （6）学校図書館の施設
> （7）学校図書館の評価

（1）学校図書館の目的・機能

○学校図書館は，学校図書館法に規定されているように，学校教育において欠くことのできない基礎的な設備であり，図書館資料を収集・整理・保存し，児童生徒及び教職員の利用に供することによって，学校の教育課程の展開に寄与するとともに児童生徒の健全な教養を育成することを目的としている。

○学校図書館は，児童生徒の読書活動や児童生徒への読書指導の場である「読書センター」としての機能と，児童生徒の学習活動を支援したり，授業の内容を豊かにしてその理解を深めたりする「学習センター」としての機能とともに，児童生徒や教職員の情報ニーズに対応したり，児童生徒の情報の収集・選択・活用能力を育成したりする「情報センター」としての機能を有している。

（2）学校図書館の運営

○校長は，学校図書館の館長としての役割も担っており，校長のリーダーシップの下，学校経営方針の具現化に向けて，学校は学校種，規模，児童生徒

や地域の特性なども踏まえ，学校図書館全体計画を策定するとともに，同計画等に基づき，教職員の連携の下，計画的・組織的に学校図書館の運営がなされるよう努めることが望ましい。例えば，教育委員会が校長を学校図書館の館長として指名することも有効である。

○学校は，必要に応じて，学校図書館に関する校内組織等を設けて，学校図書館の円滑な運営を図るよう努めることが望ましい。図書委員等の児童生徒が学校図書館の運営に主体的に関わることも有効である。

○学校図書館は，可能な限り児童生徒や教職員が最大限自由に利活用できるよう，また，一時的に学級になじめない子供の居場所となりうること等も踏まえ，児童生徒の登校時から下校時までの開館に努めることが望ましい。また，登校日等の土曜日や長期休業日等にも学校図書館を開館し，児童生徒に読書や学習の場を提供することも有効である。

○学校図書館は，学校図書館便りや学校のホームページ等を通じて，児童生徒，教職員や家庭，地域など学校内外に対して，学校図書館の広報活動に取り組むよう努めることが望ましい。

○学校図書館は，他の学校の学校図書館，公共図書館，博物館，公民館，地域社会等と密接に連携を図り，協力するよう努めることが望ましい。また，学校図書館支援センターが設置されている場合には同センターとも密接に連携を図り，支援を受けることが有効である。

(3) 学校図書館の利活用

○学校図書館は，児童生徒の興味・関心等に応じて，自発的・主体的に読書や学習を行う場であるとともに，読書等を介して創造的な活動を行う場である。このため，学校図書館は児童生徒が落ち着いて読書を行うことができる，安らぎのある環境や知的好奇心を醸成する開かれた学びの場としての環境を整えるよう努めることが望ましい。

○学校図書館は，児童生徒の学校内外での読書活動や学習活動，教職員の教育活動等を支援するため，図書等の館内・館外貸出しなど資料の提供を積極的に行うよう努めることが望ましい。また，学校図書館に所蔵していない必要な資料がある場合には，公共図書館や他の学校の学校図書館との相互貸借を行うよう努めることが望ましい。

○学校は，学習指導要領等を踏まえ，各教科等において，学校図書館の機能

を計画的に利活用し，児童生徒の主体的・意欲的な学習活動や読書活動を充実するよう努めることが望ましい。その際，各教科等を横断的に捉え，学校図書館の利活用を基にした情報活用能力を学校全体として計画的かつ体系的に指導するよう努めることが望ましい。
○学校は，教育課程との関連を踏まえた学校図書館の利用指導・読書指導・情報活用に関する各種指導計画等に基づき，計画的・継続的に学校図書館の利活用が図られるよう努めることが望ましい。
○学校図書館は，教員の授業づくりや教材準備に関する支援や資料相談への対応など教員の教育活動への支援を行うよう努めることが望ましい。

(4) 学校図書館に携わる教職員等
○学校図書館の運営に関わる主な教職員には，校長等の管理職，司書教諭や一般の教員（教諭等），学校司書等がおり，学校図書館がその機能を十分に発揮できるよう，各者がそれぞれの立場で求められている役割を果たした上で，互いに連携・協力し，組織的に取り組むよう努めることが望ましい。
○校長は，学校教育における学校図書館の積極的な利活用に関して学校経営方針・計画に盛り込み，その方針を教職員に対し明示するなど，学校図書館の運営・活用・評価に関してリーダーシップを強く発揮するよう努めることが望ましい。
○教員は，日々の授業等も含め，児童生徒の読書活動や学習活動等において学校図書館を積極的に活用して教育活動を充実するよう努めることが望ましい。
○学校図書館がその機能を十分に発揮するためには，司書教諭と学校司書が，それぞれに求められる役割・職務に基づき，連携・協力を特に密にしつつ，協働して学校図書館の運営に当たるよう努めることが望ましい。具体的な職務分担については，各学校におけるそれぞれの配置状況等の実情や学校全体の校務のバランス等を考慮して柔軟に対応するよう努めることが望ましい。
○司書教諭は，学校図書館の専門的職務をつかさどり，学校図書館の運営に関する総括，学校経営方針・計画等に基づいた学校図書館を活用した教育活動の企画・実施，年間読書指導計画・年間情報活用指導計画の立案，

学校図書館に関する業務の連絡調整等に従事するよう努めることが望ましい。また，司書教諭は，学校図書館を活用した授業を実践するとともに，学校図書館を活用した授業における教育指導法や情報活用能力の育成等について積極的に他の教員に助言するよう努めることが望ましい。
○学校司書は，学校図書館を運営していくために必要な専門的・技術的職務に従事するとともに，学校図書館を活用した授業やその他の教育活動を司書教諭や教員とともに進めるよう努めることが望ましい。具体的には，1児童生徒や教員に対する「間接的支援」に関する職務，2児童生徒や教員に対する「直接的支援」に関する職務，3教育目標を達成するための「教育指導への支援」に関する職務という3つの観点に分けられる。
○また，学校司書がその役割を果たすとともに，学校図書館の利活用が教育課程の展開に寄与するかたちで進むようにするためには，学校教職員の一員として，学校司書が職員会議や校内研修等に参加するなど，学校の教育活動全体の状況も把握した上で職務に当たることも有効である。
○また，学校や地域の状況も踏まえ，学校司書の配置を進めつつ，地域のボランティアの方々の協力を得て，学校図書館の運営を行っていくことも有効である。特に特別支援学校の学校図書館においては，ボランティアの協力は重要な役割を果たしている。

(5) 学校図書館における図書館資料
1 図書館資料の種類
○学校図書館の図書館資料には，図書資料のほか，雑誌，新聞，視聴覚資料（CD, DVD等），電子資料（CD-ROM, ネットワーク情報資源（ネットワークを介して得られる情報コンテンツ）等），ファイル資料，パンフレット，自校独自の資料，模型等の図書以外の資料が含まれる。
○学校は，学校図書館が「読書センター」，「学習センター」，「情報センター」としての機能を発揮できるよう，学校図書館資料について，児童生徒の発達段階等を踏まえ，教育課程の展開に寄与するとともに，児童生徒の健全な教養の育成に資する資料構成と十分な資料規模を備えるよう努めることが望ましい。
○選挙権年齢の引下げ等に伴い，児童生徒が現実社会の諸課題について多面的・多角的に考察し，公正に判断する力等を身につけることが一層重要に

なっており，このような観点から，児童生徒の発達段階に応じて，新聞を教育に活用するために新聞の複数紙配備に努めることが望ましい。
○小学校英語を含め，とりわけ外国語教育においては特に音声等の教材に，理科等の他の教科においては動画等の教材に学習上の効果が見込まれることから，教育課程の展開に寄与するデジタル教材を図書館資料として充実するよう努めることが望ましい。
○発達障害を含む障害のある児童生徒や日本語能力に応じた支援を必要とする児童生徒の自立や社会参画に向けた主体的な取組を支援する観点から，児童生徒一人一人の教育的ニーズに応じた様々な形態の図書館資料を充実するよう努めることが望ましい。例えば，点字図書，音声図書，拡大文字図書，LLブック，マルチメディアデイジー図書，外国語による図書，読書補助具，拡大読書器，電子図書等の整備も有効である。

2　図書館資料の選定・提供
○学校は，特色ある学校図書館づくりを推進するとともに，図書館資料の選定が適切に行われるよう，各学校において，明文化された選定の基準を定めるとともに，基準に沿った選定を組織的・計画的に行うよう努めることが望ましい。
○図書館資料の選定等は学校の教育活動の一部として行われるものであり，基準に沿った
図書選定を行うための校内組織を整備し，学校組織として選定等を行うよう努めることが望ましい。
○学校は，図書館資料について，教育課程の展開に寄与するという観点から，文学（読み物）やマンガに過度に偏ることなく，自然科学や社会科学等の分野の図書館資料の割合を高めるなど，児童生徒及び教職員のニーズに応じた偏りのない調和のとれた蔵書構成となるよう選定に努めることが望ましい。
○学校図書館は，必要に応じて，公共図書館や他の学校の学校図書館との相互貸借を行うとともに，インターネット等も活用して資料を収集・提供することも有効である。

3　図書館資料の整理・配架
○学校は，図書館資料について，児童生徒及び教職員がこれを有効に利活用できるように原則として日本十進分類法（NDC）により整理し，開架式

により，配架するよう努めることが望ましい。
○図書館資料を整理し，利用者の利便性を高めるために，目録を整備し，蔵書のデータベース化を図り，貸出し・返却手続及び統計作業等を迅速に行えるよう努めることが望ましい。また，地域内の学校図書館において同一の蔵書管理システムを導入し，ネットワーク化を図ることも有効である。
○館内の配架地図や館内のサイン，書架の見出しを設置するなど，児童生徒が自ら資料を探すことができるように配慮・工夫することや，季節や学習内容に応じた掲示・展示やコーナーの設置などにより，児童生徒の読書意欲の喚起，調べ学習や探究的な学習に資するように配慮・工夫するよう努めることが望ましい。また，学校図書館に，模型や実物，児童生徒の作品等の学習成果物を掲示・展示することも有効である。
○学校図書館の充実が基本であるが，児童生徒が気軽に利活用できるよう，図書館資料の一部を学級文庫等に分散配架することも有効である。なお，分散配架した図書も学校図書館の図書館資料に含まれるものであり，学校図書館運営の一環として管理するよう努めることが望ましい。

4　図書館資料の廃棄・更新
○学校図書館には，刊行後時間の経過とともに誤った情報を記載していることが明白になった図書や，汚損や破損により修理が不可能となり利用できなくなった図書等が配架されている例もあるが，学校は，児童生徒にとって正しい情報や図書館資料に触れる環境整備の観点や読書衛生の観点から適切な廃棄・更新に努めることが望ましい。
○図書館資料の廃棄と更新が適切に行われるよう，各学校等において，明文化された廃棄の基準を定めるとともに，基準に沿った廃棄・更新を組織的・計画的に行うよう努めることが望ましい。
○廃棄と更新を進めるに当たって，貴重な資料が失われないようにするために，自校に関する資料や郷土資料など学校図書館での利用・保存が困難な貴重な資料については，公共図書館等に移管することも考えられる。

（6）学校図書館の施設
○文部科学省では，学校施設について，学校教育を進める上で必要な施設機能を確保するために，計画及び設計における留意事項を学校種ごとに「学校施設整備指針」として示している。この学校施設整備指針において，学

校図書館の施設についても記述されており，学校図書館の施設については，学校施設整備指針に留意して整備・改善していくよう努めることが望ましい。
〇また，これからの学校図書館には，主体的・対話的で深い学び（アクティブ・ラーニングの視点からの学び）を効果的に進める基盤としての役割も期待されており，例えば，児童生徒がグループ別の調べ学習等において，課題の発見・解決に向けて必要な資料・情報の活用を通じた学習活動等を行うことができるよう，学校図書館の施設を整備・改善していくよう努めることが望ましい。

(7) 学校図書館の評価
〇学校図書館の運営の改善のため，PDCAサイクルの中で校長は学校図書館の館長として，学校図書館の評価を学校評価の一環として組織的に行い，評価結果に基づき，運営の改善を図るよう努めることが望ましい。
〇評価に当たっては，学校関係者評価の一環として外部の視点を取り入れるとともに，評価結果や評価結果を踏まえた改善の方向性等の公表に努めることが望ましい。また，コミュニティ・スクールにおいては，評価に当たって学校運営協議会を活用することも考えられる。
〇評価は，図書館資料の状況（蔵書冊数，蔵書構成，更新状況等），学校図書館の利活用の状況（授業での活用状況，開館状況等），児童生徒の状況（利用状況，貸出冊数，読書に対する関心・意欲・態度，学力の状況等）等について行うよう努めることが望ましい。評価に当たっては，アウトプット（学校目線の成果）・アウトカム（児童生徒目線の成果）の観点から行うことが望ましいが，それらを支える学校図書館のインプット（施設・設備，予算，人員等）の観点にも十分配慮するよう努めることが望ましい。

※「（別添）学校図書館ガイドライン）」（文部科学省）（http://www.mext.go.jp/a_menu/shotou/dokusho/link/1380599.htm）より作成

Q & A

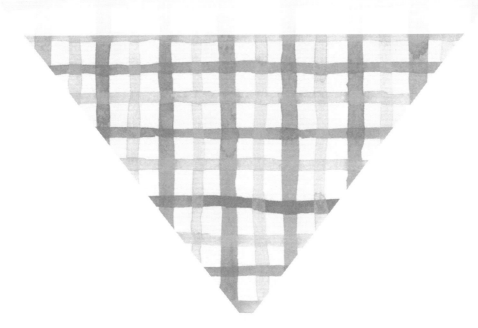

 学校図書館の運営／学校図書館に携わる教職員等／学校図書館と教育委員会

 学校図書館の館長は校長だと聞きましたが，館長としての校長にはどんな役割があるのですか。

A 学校図書館づくりを推進し学校教育に生かす責任者です。

　館長というのですから，校長は学校図書館の教育に果たす意義を理解し，経営方針をきちんと示す必要があります。その上で利用者のために必要な資料を揃え，利用のきまりを整え，施設を充実させ，学校図書館がその機能を十分に果たすことができるよう，職員の活用を図り，全ての責任を負うというのが館長の役割だと言えましょう。

　さて，「学校図書館ガイドライン」には，「校長は，学校図書館の館長としての役割も担っており，校長のリーダーシップの下，学校経営方針の具現化に向けて，学校は学校種，規模，児童生徒や地域の特性なども踏まえ，学校図書館全体計画を策定するとともに，同計画等に基づき，教職員の連携の下，計画的・組織的に学校図書館の運営がなされるよう努めることが望ましい。例えば，教育委員会が校長を学校図書館の館長として指名することも有効である。」という記述があります。実際，校長の着任に際し，学校図書館長に任命するという辞令を併せて授与している地区もあります。

　ところで，学校図書館の昔からのイメージは，「読書のための図書が収められている部屋」でした。そしてその図書も，埃を被った，古くて傷んでいるものでした。また，教師の一方的な説明が中心になりがちな授業も多く，児童生徒は学校図書館がなくても困らなかったのです。さらに，「図書館は怠け者のたまり場になりやすい」「子供たちだけでは本を失くしたり傷つけたりする」「本は読みたい子が読めばよい」等の考え方から，施錠された学校図書館も多く，児童生徒が自由に使うことができないという状況も生まれました。このイメージを打ち破るのが，館長としての役割の第一歩だと考えます。

　次に，教育のインフラとして学校図書館を学校経営の核に据え，学校図書館の経営方針を明らかにし，教育課程にきちんと位置付けることです。「読書センター」「学習センター」「情報センター」の3つの機能を念頭に，どのような学校図書館づくりを目指すのか，児童生徒にとって，教職員にとって，保護者や地域にとってどのような姿が望ましいのか，明確に示していくことが必要です。資料は図書資料だけではありません。新聞や雑誌・ファイル資料や掲示資料・視聴覚資料をどう収集・整理するのか。パソコンやスマホ，タブレットをどう扱うのか。児童生徒の学びを深めていくために方向性を示していくことも大切な役割です。学校図書館づくりの最終的な判断が校長に委ねられているのです。

学校図書館の運営

? 校長は,具体的にどうすれば,学校図書館において
リーダーシップを発揮したことになるのでしょうか。

A 読書の大切さを実感し,そこから教員の意識を変えていくことです。

　校長が学校図書館の館長として学校図書館経営の基本方針を示すことは基本ですが,それだけで終わってしまってはいけません。実際に児童生徒や職員,保護者・地域へ様々に働きかけていくことが大切です。

　まず,司書教諭や学校司書が誰なのかを全教職員に周知する必要があります。そして,こうしたメンバーを組織の中核に置きながら,全員で取り組んでいくことの必要性を伝えていく必要があります。すなわち,学校図書館を活用していくことは学習指導要領の趣旨に沿うものであること,児童生徒が学習を進めていく際には考える場面を学習過程の中に組み込んでいくこと,読むことの大切さを伝えていくために教員が率先して文字・活字に親しむようにすることなど,教職員の意識を変えていかなければなりません。

　次にその学校の学校図書館経営方針に沿って具体的に取り組んでいくことがあります。一つは各教科の学習指導計画とそれを支える図書購入計画の立案,一つは指導計画を支える情報の収集整理,一つは読書の推進計画の作成とそれを支える蔵書計画の策定です。これらは学校図書館の「読書センター」「学習センター」「情報センター」という3つの機能を発揮させるために必要な作業となります。こうした活動は,学校図書館活用委員会や学校図書館運営委員会などで組織的に進めていく必要があります。

　さらに,学校図書館を「行ってみたい場所」「心が落ち着く場所」「学習に集中できる場所」にしていく工夫も必要です。例えば地図や年表は眺めているだけで知識が頭に入ってきます。テーマにあわせた新聞記事の切り抜きなども興味をそそります。季節感あふれる掲示物やカレンダーなども楽しいものです。新聞の書見台,個人用の机なども便利です。余裕があれば個別のブースや学習室などもあるとよいでしょう。また,柔らかいソファーがあれば思わず腰を下ろしたくなることでしょう。読書週間を設定したり,コンクールを実施したり,クイズ大会やオリエンテーリングなどのイベントを設定したりするのも効果的かもしれません。

　大切なのは,こうしたことを校長一人が考えていくのではなく,全職員がアイデアを出し合える組織や雰囲気をつくり出すことなのです。そのためには「資料を活用した考える学習や心を揺さぶる素晴らしい本との出会いが子供たちの成長を支える」という考えを学校全体で共通理解することが大切なのです。

 学校図書館の運営

Q3 学校運営組織に学校図書館をどのように位置付けたらよいのでしょうか。学校図書館は司書教諭に任せておけばよいのでしょうか。

A 全教職員が何らかの形で関わることのできる組織づくりや活動を。

　これまで学校図書館は「本が置いてある部屋」というイメージが強く，「学校図書館がなくても授業をするのに困らない」と思われていたために，あまり学校全体に関わる組織として位置付けられることがありませんでした。ですから多くの学校では，教科部会の並びの最後にぽつんと入っていたり，視聴覚を担当する分掌と並んでいたり，国語部の一部に含まれるような位置付けだったりしました。しかし，「学習指導要領」に繰り返し示されているように，学習を支えるという重要な役割を踏まえると，教務や研究活動，進路指導，生活指導等と同様に，学校全体に関わる組織として考えていく必要があるわけです。

　ところで難しい問題があります。それは「学校図書館法」には学校図書館の役割として「学校教育に必要な資料を収集し，整理し，及び保存し」「児童又は生徒の健全な教養を育成する」と示されています。そのためには司書教諭は学校の教育課程全体について幅広く理解している必要があります。ところが司書教諭の資格を有している教員が必ずしも経験豊富で学校教育に精通しているとは限らないのです。すると学校によっては，司書教諭の資格があるからといって学校図書館の運営を全て任せるわけにはいかないということで，司書教諭とは別に図書館主任を任命するという事態が生じるということも起こります。

　このような学校運営組織では，行き違いが起こる可能性が大きくなります。ですから，学校司書も加えつつ，司書教諭と図書館主任が連絡をしっかり取り合いながら仕事を進めていくような組織を作っていくことが大切です。また，経験が浅い場合でも，学校図書館に関する専門性を有する司書教諭が十分に力を発揮できるような組織作りをしてほしいところです。

　次に司書教諭が学校全体の教育課程を推進する会合（企画委員会とか運営委員会など）に出席し，学校図書館の利活用や学校図書館に関するイベントについて提案をしていきます。そして「学校図書館に関することは学校図書館部に任せておけばよい」という考え方を払拭していくことが大切です。なぜなら，全ての教員が学校図書館に関する理解を深めていかなければ，今求められている「主体的，対話的で深い学び」の学習が展開できないからです。学校図書館に関する基本的な活動は，学校図書館を担当する教職員で担当していきますが，イベントの内容によっては全教職員が関わることが大きな意味を持つことになります。

 学校図書館の運営／学校図書館の評価

 学校図書館にはどのような計画が必要ですか。
また，年間計画は誰がどのように作成したらよいのでしょうか。

 それぞれの計画を学校の教育計画に位置付けて，作成しましょう。

　各学校では，学校長の学校経営方針のもと，安全指導や食育，キャリア教育など，様々な教育計画を作成しています。P（計画 Plan）→ D（実行 Do）→ C（評価 Check）→ A（改善 Action）のマネジメントサイクルにより，計画を立て，実行し，評価し，改善してまた計画を立てて実行していきます。この学校の教育計画に学校図書館の諸計画も入れることが必要です。

　新学習指導要領では，各学校でのカリキュラム・マネジメントが求められていますが，学校図書館を活用しての授業改善を実行する上で，また，全ての児童生徒を対象に全ての教科等で学校図書館を活用するためには，学校図書館の活用を教育計画に位置付け年間計画を作成することは欠かせません。

　学校長は，学校経営方針に学校図書館の活用を位置付けることが大切です。

　学校図書館経営計画立案は，主に司書教諭の仕事です。具体的な運営計画は，学校司書の仕事に関わることが多いので，学校司書と司書教諭の協働が必要です。校務分掌上の学校図書館部などで協議し，部として職員会議に提案します。決定した諸計画は，学校の教育計画として全教職員はそれに則って教育活動を行います。

　では，どのような年間計画が必要でしょうか。

　まず，学校図書館の目的や機能，学校目標や各教科等との関連など，学校図書館経営に関する全体計画または基本計画を立てます。ここでは，学校図書館の目的と機能を自校の教育に生かすための方針，授業での学校図書館活用や司書教諭・学校司書の授業支援，読書活動推進の方針，組織図等，学校教育における学校図書館の役割を明確にします。

　次に開館日時や貸出冊数・期間等の学校図書館の決まり，使用優先学級割り当てや読書月間等の計画，資料収集計画や払出計画など，具体的な運営計画も明文化します。

　その他，情報活用能力育成計画は，全国学校図書館協議会の「情報・メディアを活用する学び方の指導体系表」が参考になります。インターネットで入手できます。各授業者の計画をとりまとめた各教科等での学校図書館活用計画，読書指導・読書活動計画，学校図書館業務計画なども必要でしょう。

 学校図書館の運営／学校図書館の利活用／学校図書館に携わる教職員等

 教育活動では学校がチームとして取り組むという考え方が大切だと思いますが，学校図書館を全校職員が利活用するために必要なことは何ですか。

 学校図書館の整備や図書館だよりなどで全教職員が関わる機会を。

　「学校図書館は毎日開館して，いつでも児童生徒が利用できるようにしたい」というのは，学校図書館の役割を考えれば当然の思いです。しかし，多くの学校では，「学校図書館については学校図書館の担当者に任せておけばよい」という考え方から中々抜け出せないのが現実でしょう。ですから，今までの学校図書館の運営は，司書教諭や学校司書，担当教職員や児童生徒の代表である図書委員の努力に委ねられてきたと言えましょう。

　ただ，学校図書館の機能を考えたとき，これからは全教職員が学校図書館に対する理解を深め，協力していく必要があります。学校図書館にはどんな資料があるのか，学校図書館はどのように利用するのか，学校図書館のサービス機能にはどのようなものがあるのかなど，全教職員が理解していることで学びを深めることができ，学校図書館は一層力を発揮します。ですから「チーム学校」として学校図書館の運営を進めていくことが大切です。

　そのための効果的な実践をいくつか紹介します。

①長期休業を活用して全職員で学校図書館整備の作業を行います。普段は足を運ばない職員も，学校図書館にどのような資料があるかを知ることができます。また学校図書館の資料の配置を直接目にすることで，授業を学校図書館で行ったり，授業の展開に学校図書館にある資料を活用したりする意識を持つことにつながります。

②長期休業中の学校図書館の開館を全教職員が担当します。そうすることで学校図書館の貸出システムを全員が学ぶことができます。それとともに，館内ですごす児童生徒の様子を見ることやレファレンスに対応することで児童生徒の学びの力や読書の実態，学校図書館へのニーズを知ることもできます。

③「図書館便り」に読書体験に関する記事を全員で執筆したり，読書に関するアンケートに答えたりするなども効果的です。それが児童生徒の読書に対する関心を高めることにつながります。また，全校集会や校内放送の番組の中で好きな本について語ってもよいでしょう。教職員が読書や学校図書館に対して関心が高いという情報は，資料活用を含め，学校図書館に対する親密感を高め，児童生徒の学校図書館活用に大きな影響を与えます。

 学校図書館の運営

 学校図書館への教職員の共通理解を図るためには
どのような方法がありますか。具体的に教えてください。

 情報がいきわたる組織づくりと学校図書館からの情報発信を。

（1）職員会議，校内研修での「情報発信」
　年度当初の職員会議（教育課程説明会）は，学校図書館が学校教育目標具現の場の一つであること，授業に活用されてこその図書館であること等を全教職員にアピールできる場です。学校図書館全体計画，年間計画，司書教諭や学校司書の役割等について的確に知らせていきましょう。また，教職員が学校図書館への理解を深めるよう校内研修の時間も有効に活用しましょう。

（2）『学校図書館ハンドブック』『学校図書館活用ファイル』の作成と活用
　教職員自身が学校図書館について理解するとともに，児童生徒に指導する際の手立てとなるよう，利用の仕方，書架配置図，日本十進分類法（NDC），推薦図書リスト，朝読書の実施方法，探究的な学習のプロセス等を掲載した『学校図書館ハンドブック』を作成・配布します。また，『学校図書館活用ファイル』（ポケット式ファイルに，学校図書館全体計画，年間計画，前年度の図書館活用一覧表，授業指導案等を入れる）を4月に学年主任に配布し，必要な情報が常に教員の手元にあるようにします。年間計画や図書館活用一覧表を加除訂正し，指導案，関連資料等を加え，ファイルは3月に回収し，次年度の指導に生かしていきます。

（3）『教職員向け図書館だより』の発行
　学習に使える図書やメディアの紹介，図書館を活用した授業の紹介等を中心に作成します。職員会議や打ち合わせの時間に，ポイントを読みながら配布すると確実に内容が伝わります。

（4）「図書館オリエンテーション」は教職員と共に
　年度当初に行われる図書館オリエンテーションは，担任も児童生徒と共に参加し，学校図書館の利用の仕方，NDC等について学びます。司書教諭と学校司書，担任がTTでオリエンテーションや，図書館オリエンテーリングを実施すれば，教職員の理解がより深まります。

（5）「学校図書館評価」は全教職員で
　学校図書館評価や学校図書館活用に関するアンケートを実施することで，教職員の学校図書館への関心が高まります。結果を教職員に報告し，図書館改善への共通認識が持てます。

（6）校務分掌組織に『学校図書館部（学校図書館経営委員会）』の位置付けを
　学校運営組織や研修組織の中に『学校図書館部』を設けることにより，学校図書館から発信される情報が教職員にいきわたり，共通理解のもとで組織的な取り組みが可能となります。

 学校図書館の運営／学校図書館と教育委員会

 学校図書館の校内研修にはどのような方法があるのか具体的に教えてください。

 図書館を知り，考え，児童生徒への指導に生きる研修の時間に。

　教職員の学校図書館への認識は様々です。校内研修を行うことで，教職員は学校図書館教育への関心を高め，共通認識を持つことができます。実施にあたっては，事前に自校の学校図書館の活用状況や課題を把握し，校長，教頭への報告，教務主任（主幹教諭）との時期や時間設定の相談，研修主任との研修内容の打ち合わせ等をしておくことが大切です。

　以下に具体的な研修会の内容を示しました。教職員が学校図書館，図書館メディアに目を向け，スキルアップをし，日々の指導や授業改善につなげる意欲を持つような研修となるよう，内容を工夫し充実したものにしていきたいものです。

（1）学校図書館を使った授業を行う

　司書教諭がTTとして参加したり，学校司書が授業支援したりする授業，学校図書館メディアを活用する授業を研修計画に位置付けます。事後研修では学校図書館を活用することで教科のねらいを達成することにつながったか，主体的な学びの姿がみられたか等を振り返ります。「授業に生きてこそ，学校図書館！」このような認識をどの教員も持てるような授業研究にしていきたいものです。年度末には授業実践を研修収録にまとめておくことも大切です。

（2）「学校図書館」「司書教諭・学校司書」について知る

　「学校図書館法」「学校図書館ガイドライン」「学校図書館憲章」「学習指導要領」等から学校図書館設置の意義や目的，必要性を教員が理解し，自校の学校図書館のあり方，指導の方向性について協議します。先進校の実践を紹介するDVD（例『豊かな学校づくりのために～司書教諭の実践をとおして～』全国学校図書館協議会監修　紀伊国屋書店発行　2004）の視聴を通して，図書館を活用した授業実践を知り，司書教諭や学校司書の職務内容や担任との連携のあり方について共通理解を図ります。

（3）学校図書館教育に関するスキルを身に付ける実技研修を行う

　読み聞かせ，ブックトーク，アニマシオン，読書感想文，読書感想画，ビブリオバトル等の読書指導に関する実技研修を行います。また，情報活用能力の育成（課題の設定，情報の収集，情報の整理・分析，まとめと表現），新聞活用（NIE）等のワークショップを行い，教員自身が学び方を学ぶ体験をし，指導に生かしていきます。

（4）学校図書館をめぐる情報を教職員に知らせる伝達研修を行う

　教育委員会や研究団体が主催した研究会・研修会の参加報告や授業実践の紹介を行います。

学校図書館に携わる教職員等／学校図書館の運営

 学校図書館運営の中核となる司書教諭と学校司書とは、どのように連携していったらよいのでしょうか。

 役割分担をしつつ互いに尊重し合い、綿密に連絡を取りましょう。

　司書教諭と学校司書はそれぞれの専門性を生かし、学校図書館の運営や活用場面によってどちらかが主となり、協働しながら学校図書館を運営していくことが大切です。学校図書館の読書センター・情報センター・学習センターとして3つの機能の充実を図り、全職員・児童生徒・保護者や地域社会と連携し巻き込みながら活用を推進し、教育課程に寄与する図書館の創造と運営を目指します。

　一般的に、学校図書館の全体計画・年間計画・活動計画や図書館行事の企画・運営、蔵書の購入・廃棄、教科指導、児童生徒名簿作成、パソコン管理、図書委員会指導、図書館便りの発行、公共図書館との連携等については司書教諭が主となり、また、環境整備、蔵書管理、資料管理、データ管理、授業支援、図書委員会活動支援、貸出返却作業、ボランティアとの連携、レファレンスサービス等については、学校司書が主となって推進する場合が多いようです。しかしこれは、各自治体や司書教諭の配置率や学校司書の勤務形態によっても、活動内容は異なってきます。

　各校の事情がどのように異なっても、司書教諭は情報活用能力育成の専門家として全校の教育課程に学校図書館活用を位置づけ、学校司書は情報・資料の専門家として学校図書館活用を促進するという役割をふまえて、事情に合わせて工夫して連携していくことが大切です。

　司書教諭が専任でない場合には、学校司書と連携を図るために授業時間の軽減措置を行うことが望ましいです。司書教諭として活動できる時間が週に数時間でも保証されていれば、学校司書と連携を図って、学校図書館を効果的に活用していくことができます。しかし、現状は、十分とは言えません。そこで、交換ノートを利用したり、レファレンス記録を活用したりするなどして情報の共有が図られています。

　年度初めの学校図書館運営の計画段階から、学校司書も関連資料を用意して、管理職や司書教諭とともに話し合いに参加します。司書教諭・学校司書のそれぞれの立場において、年間の見通しを持って運営活用することが大切です。そして、両者が特性を生かして協働し、職員・児童生徒・保護者等に向けて学校図書館ガイダンスを行い、学校図書館の3つのセンター機能を意識しながら学校図書館活用を推進したいものです。

 学校図書館に携わる教職員等

 教員の教育活動への支援は，どのようにしたらよいでしょうか。

 司書教諭と学校司書が連携して，授業支援をしましょう。

　学校図書館は，「教育課程の展開に寄与する」「健全な教養を育成する」という目的がありますが，教員が授業で活用したり，読書の指導をしたりしなければ，学校図書館の存在意義は薄れてしまいます。学校教育において学校図書館がより効果的に活用されるためには，学校図書館長としての校長や教諭である司書教諭が校内の学校図書館活用の推進役になることが必要です。教員が学校図書館を利用しようとして，初めて，学校図書館の支援が生きるのです。

　司書教諭は，全教職員に学校図書館の活用を提案し推進役となります。その前提として学校の教育計画に学校図書館活用計画や読書の指導計画を明示することが必要です。

　学校司書は，授業進度や学校行事等を把握することにより，授業や様々な教育活動への支援が容易になります。教職員への働きかけも大切です。学校司書が教員に対して，毎月「授業支援に関する依頼事項」を調査したり，「こんな資料があるので，こんな学習に利用できます」などと知らせたりすることで，学校図書館を授業で活用する頻度が増した例があります。

　学校教育でのインターネットの活用が進んでいます。簡単な情報を調べるためにはインターネットは便利ですが，ネット上にない情報もあります。そこで，教員の授業準備には，学校図書館をおおいに活用してほしいものです。

　司書教諭や学校司書は，教材研究のための資料や授業事例を紹介することができます。探究的な学習における資料準備やレファレンス，パスファインダーの作成は，司書教諭や学校司書の専門性が学習の質を大きく高めます。パンフレットやリーフレットなど図書以外の資料も日頃から収集しておきます。公共図書館の団体貸出も利用します。読み聞かせやブックトークやアニマシオンなどの読書活動，学校図書館の利用の仕方，著作権，参考図書の利用，新聞の利用など，読書指導やメディアの利用指導への支援も必要な支援です。授業は教員が進めますが，授業前・授業中・授業後，それぞれの場面で授業者と司書教諭や学校司書との連携をどのように行うかが重要です。

　教員のみでなく，主事，栄養士，スクールカウンセラーなど，教員以外の職員も学校図書館の利用者と考えましょう。栄養士と学校司書との連携で物語に登場する献立を給食に取り入れる活動や，養護教諭が保健指導の関連図書を保健室前に展示し，それに連携した展示を学校図書館でも行うなど，工夫された取り組みが行われています。

30

 学校図書館に携わる教職員等／学校図書館と教育委員会

 教育委員会の学校図書館担当者（指導主事）とは
どのように連携したらよいのでしょうか。

 研修会への積極的な参加を。学校図書館活用実践を指導主事と。

　学校図書館を充実させるために，教育委員会は，人的体制，施設・設備の整備，研修，予算措置等いずれにおいても大きな役割を担っています。『子どもの読書サポーターズ会議報告書』（平成21年）にも，指導主事など学校図書館担当職員をおくことや研修機会を充実させ，司書教諭や学校司書の資質向上や交流の場を提供すること，資源共有ネットワークを構築することなど教育委員会による学校図書館支援についての具体的な提言がなされています。学校図書館が教育委員会とどのように連携していけばよいのかについては下記のとおりです。

（1）研修会への参加

　学校図書館活用推進のために，教育委員会にとって司書教諭や学校司書を対象とした研修の実施は欠かせません。司書教諭や学校司書は，希望研修に積極的に参加するとよいでしょう。研修会で意見交流することにより，司書教諭や学校司書と指導主事が学校図書館の状況，課題や改善方法について共通認識を持つことが期待できます。

（2）ガイドブック・手引きなどの作成

　教育委員会が学校図書館活用ガイドブックや調べ学習の手引きなどを作成する自治体も増えてきています。担当指導主事と司書教諭や学校司書による研究組織とが連携して作成することで充実した内容のものになります。司書教諭や学校司書は各学校での実践事例を提供していきたいものです。また，ガイドブックや手引きなどが各学校で活用されるよう，司書教諭や学校司書は教職員へはたらきかけていくことも大切です。

（3）学校図書館支援センター（支援室）との連携

　学校図書館支援センターを設置し，担当指導主事が中心となって，学校や公共図書館との連携を図り，学校図書館の運営や活用などへの支援を行っている自治体もあります。学校図書館支援センターとは以下のような連携が考えられます。

・支援センター主催の研修会を情報交流の場とし，人的ネットワークを広げる。
・支援センターの指導主事やスタッフを講師とし，校内研修や学校図書館整備を実施する。
・団体貸出（相互貸借）システムを積極的に利用し，授業の活性化を図る。使用した図書資料の有用性，教職員の意見等を，担当指導主事にフィードバックする。
・支援センター通信に紹介される実践を参考にし，学校図書館を活用した授業を行う。

 学校図書館に携わる教職員等／学校図書館と地域の連携

 学校図書館ボランティアの方々の協力に感謝していますが，ボランティアとして学校で活動してもらう際に伝えるべき留意事項とは何でしょうか。

A 学校の教育方針を伝えることと，知り得た個人情報等の秘密保持を！

　まず初めに学校は，司書教諭を介して「学校教育目標」や「学校図書館の目標」，「年間計画」や「目指す児童生徒の姿」等について，ボランティアへ周知を図ります。学校内の教育活動は，全てが学校目標につながっています。ボランティアの活動も同様であることへの理解を図ることが大切なのです。また，学校図書館の3つのセンター機能（読書センター・情報センター・学習センター）についても詳しく説明し，学校図書館のボランティアとしての自覚を持って活動に臨んでもらえるように協力を促しましょう。

　学校図書館ボランティアの活動には，読み聞かせなど児童生徒と直接関わる活動や，図書館内に季節の掲示をするなどの環境整備や，資料のデータ入力や新聞記事の切抜きなどの資料整備など，様々な活動があります。これらの活動の中で，児童生徒自身のことや家庭のことなどについてボランティアは知り得ることがあります。こうした個人情報は決して他に話してはいけないことを，必ず伝えなければなりません。公務員法には守秘義務の条項があります。ボランティアといえども学校で活動する場合は，これに準じなければなりません。また，学校ではボランティア保険をかけますので，校内での活動中や学校への往復の途中で，事故が起こった場合はすぐに学校側に連絡をするように伝えます。

　また，読み聞かせの選書についても関わり，児童生徒の興味関心や発達段階に応じた選書の工夫ができるように支援したいものです。学校や地域行事・学習等の様子を伝えることと，選書の重複のないように分担予定表の記録を残すことやブックリスト。活動記録等の保存の大切さについても伝えなくてはなりません。

　司書教諭と学校司書は，ボランティアと教職員・児童生徒や保護者・地域の各機関をつなぐことを心掛けます。読み聞かせボランティアの募集に関わるイベントや，読書週間のイベントのときにも進んで相談にのり，協力します。学校図書館の装飾についても，学校図書館で落ち着いて児童生徒が学習をするための方針を伝え，協力をあおぎます。また，活動のための材料・用具等の費用についても学校予算に計上することを忘れず，学校の活動として大切にしたいものです。

学校図書館の利活用

「主体的・対話的で深い学び」に学校図書館は、どう対応したらよいでしょうか。

 学校図書館を活用した授業改善を推進しましょう。

学校図書館の機能と目的から、授業での学校図書館活用は、概ね以下の4点が考えられます。
①学校図書館資料を活用して、児童生徒が調べものをする
②一斉指導の場で、学校図書館資料を教員が提示するなど活用する
③学びの場として学校図書館で授業を展開する
④単元に関連した読み物の紹介など、読書の指導をする

　新学習指導要領には、引き続き「生きる力」の育成がうたわれ、さらに「主体的・対話的で深い学び」が提唱されています。総則には、小・中・高等学校とも共通して「主体的・対話的で深い学びの実現に向けた授業改善」の配慮事項に「学校図書館を計画的に利用しその機能の活用を図り、児童（生徒）の主体的・対話的で深い学びの実現に向けた授業改善に生かすとともに、生徒の自主的、自発的な学習活動や読書活動を充実すること。」と記されています。

　まず、学校図書館の機能や目的とともに各教科等の授業改善に学校図書館活用の視点を入れる必要性を全教員が理解することが必要です。これには、管理職や司書教諭の力が大事です。もしまだ、学校図書館のイメージが「図書資料を保存する部屋」「休み時間や放課後に児童生徒が好きな本を読んだり借りたりするところ」という教員がいたら、児童生徒の主体的な学習の場であり、読書の指導は学校教育として行うことを周知することが必要です。

　自らの課題を設定し、調べ、まとめ、表現して発信する探究的な学習のプロセスにおいて、テーマを設定する段階から、学校図書館は、活用できます。次に、様々なメディアを効果的に活用して調べて検討します。情報を収集するときはもちろんのこと、まとめるときにも資料や情報源に戻ったり調べ直したりするでしょう。発表の場としても、学校図書館は活用できます。

　学校図書館メディアは、図書資料だけではありません。情報機器が利用できる学校図書館にする、新聞・雑誌・ファイル資料・視聴覚資料・実物・模型など、児童生徒の学習材全てを対象に、学習に役立つ学校図書館にする、各教員は、授業で活用することにより、学校司書や司書教諭に要望を出していく、学習に活用される学校図書館は常に動いていきます。

　これからの学校図書館は、視聴覚機器や情報機器が使える、話し合いができる、発表の準備や発表会ができるなど、学習の場として充実するよう、行政にも働きかけたいものです。

33

 学校図書館の利活用／学校図書館に携わる教職員等

 授業の実施にあたって，司書教諭や学校司書は授業者とどのような打ち合わせをしておいたらよいのでしょうか。

 教科のねらいと指導事項，必要な資料の確認をしておきましょう。

　児童生徒は，学校図書館を活用しながら学習内容を豊かで確かなものにします。学習の中で学校図書館を活用することは，それ自体が目的ではありません。児童生徒が各教科の学習活動を通して，指導事項を身に付け，学力が向上し，その成果を他教科や自分の生活に生かせるようになることが目的です。

　そのためにも，司書教諭と学校司書は学校図書館を効果的に活用したいものです。各学校には，「学校教育目標」のもとに「学校図書館の目標」があり，学校図書館教育の各計画が立てられています。司書教諭は学年の学習年間計画に従って「学校図書館教育年間指導計画」を立て，それをもとにして学校司書と連携協働し，レファレンス等を行います。

　授業の実施にあたっては，司書教諭や学校司書は授業者と次のような事項について打ち合わせをします。

　まず，授業の内容（単元）とねらい，学校図書館に求められている支援を明確にします。授業支援は，授業作りの相談，教材作成，資料準備・提供，パスファインダーやワークシート等の作成，ブックトークや読み聞かせの実施，百科事典の使い方やレポートの書き方の説明など多岐にわたります。

　次に，授業日時と授業の流れ，授業の場所（図書館，PC室，教室等），授業の学習形態（個別，グループ等），まとめ方（新聞，レポート等），児童生徒の学習状況等を確認します。特にTTとして授業に入る場合には，各々の役割分担について打ち合わせをすることが重要です。

　資料提供の場合には，何の本を何冊必要かという他，難易レベルの程度や提供方法（コーナーを作る，ブックトラックで教室へ運ぶ，該当箇所に付箋をつける等）など，指導のねらいやその授業で児童生徒の身に付けさせたい力を各教科の指導事項にそって，十分に話し合うことが必要です。

　並行して，学校司書は各教室の掲示物や授業を参観したり，学習の成果物を学校図書館に掲示したり，教科関連コーナーの充実を図ったりして，学習支援の充実を図りたいものです。時間が許す中で，職員会議や打ち合わせ等にも進んで参加し，学校の教育環境や児童生徒の成長過程や，保護者や地域の特性や願いについても知っておくことにより，さらに適切な支援が可能となるでしょう。

学校図書館の利活用

? 読書活動を推進していく上で、学校図書館としては、どんな取り組みや工夫をしていけばよいでしょうか。

 学校全体を学校図書館にして本との出会いを作りましょう。

　児童生徒の興味関心を把握し、学校図書館の機能をふまえて来館者の期待に応えるレファレンスサービスを行うとともに、来館者を増やしたり児童生徒の読書の領域を広げたりする工夫を心掛け、読書活動の推進を図りたいものです。以下にいくつかの工夫や活動の例を挙げます。

　学校図書館は、教育課程の展開に寄与するという立場から、児童生徒の希望を優先した本の購入は難しいところです。そこで、授業の中で担任や司書教諭は、ファンタジー・伝記や随筆・科学読み物やエッセイ・意見文などの多様な作品の読み方を指導して、各々の味わい方や読書の楽しみ方を伝えることができます。また、学校司書は適切なレファレンスやブックトークを児童生徒に行って、様々なジャンルの本に出合わせることができます。

　展示・掲示についても、各校において様々な工夫が見られます。教科学習関連・学校や地域行事関連・新着本・話題の本等のコーナーを設置しています。学校図書館の中だけに限らず、階段の掲示板や流し横の小スペースを利用して設置したり、昇降口のベンチ脇や職員玄関の受付名簿横なども活用して、展示・掲示を行ったりしています。タイムリーなニュースと関連する本を紹介する壁新聞を掲示している学校もあります。

　図書委員やボランティアによる読書推進のイベントを行っている学校もあります。紙芝居やパネルシアター等の読み聞かせ型イベントに加え、児童生徒参加型のイベントが増えているようです。「主人公似顔絵大会」、多様なジャンルの本を読む「ブックマラソン」、主人公や作者・友達に手紙を書く「お話郵便」も楽しいものです。また、話し合いを通して読みを確かなものとし、感想交流にとどまらずに広めたり深めたりする「読書会」「ブッククラブ」、クイズをしながら読みの視点を持たせて楽しむ「アニマシオン」など、アイデアは尽きません。

　何よりも「学校全体を図書館に」という思いが大切です。読書の履歴を残して読書生活を振り返ったり、読書生活文を書いて自分自身を見つめ直したりすることも読書の魅力なのではないでしょうか。ファミリー読書や家読等も、読書環境を整える一助です。児童生徒一人ひとりがめあてを持って読むことと、保護者や教職員への働きかけも忘れてはなりません。

 学校図書館の利活用

> 探究的な学習とはどのようなものですか。
> どのように支援したらよいのでしょうか。

 探究学習のプロセスに沿い，司書教諭と学校司書は連携・協働を。

　探究的な学習とは，自分の課題を持ち，その解決を図ろうと追究する学習のことです。課題解決の学びのプロセス（過程）が重要で，答えを一つに絞る必要はありません。また，課題に対する明確な答えを獲得することができない場合もあります。しかし，解決できなかったことや新たな疑問から次の課題が設定され，既習体験や既習事項，各教科で学んだことや実体験と関連させながら，課題解決のプロセスが繰り返されるのです。また，そのプロセスの中で，児童生徒が学校図書館活用・資料活用・ICT活用等のスキルや学力を身に付けることも重要です。協働的な学習の中で，個人で探究したことを確かめたり広めたり深めたりしながら個々の課題の答えを求め，他教科や生活に生かすことが生きる力となるのではないでしょうか。

　司書教諭は，学校図書館教育年間指導計画における学習単元の全容と関連する教科や既習事項を理解して，教科のねらいと指導事項の確認を行います。その後，学校司書と連携・協働しながら，授業者の指導と学校司書の間接的・直接的支援についての計画を立てます。この過程を経て，学校司書は児童生徒の学びに関して適切なレファレンスを行うことができるのです。

　司書教諭と学校司書が連携を図りながら，探究的な学習のプロセスを通して，間接的・直接的な授業支援を計画的・継続的・系統的に行いたいものです。探究的な学習のプロセスとは，①学習課題の設定，②情報の把握・検索・利用，③情報の収集・選択，④情報の加工，⑤情報の表現伝達，⑥情報の保存，⑦学習活動の評価と次の課題への展開，等の主体的な学びのプロセスのことです。この学びのプロセスの中で，児童生徒の必要に応じて，学校司書はレファレンスや地域資料等の提示，百科事典の使い方や検索の仕方等の直接支援等を行って，学習の充実を図るのです。また，こうした支援を容易に行うために，司書教諭と学校司書は連携・協働して計画的に職員に向けて探究的な学習の研修を行ったり，各学年の学習内容に応じて教室内やホールに探究学習のためのコーナーを設置したりすることも効果的です。

 学校図書館の利活用／学校図書館の機能・目的

 学校図書館の目的の一つに「情報活用能力の育成」も含まれていますが，それは情報教育で行うことではないのですか。

 「利用指導」の延長上に「情報活用能力の育成」があります。

　学校図書館には読書センター機能，学習センター機能，情報センター機能の3つの機能がありますが，情報センター機能の中に「情報活用能力の育成」が含まれています。ここでいう「情報活用能力」とは「情報リテラシー」と同義です。情報リテラシーという概念とその育成の必要性を提唱したのは，米国の情報産業協会会長で1974年の事です。情報リテラシーとは次のように説明されています。

　　　情報リテラシーのある人とは，情報が必要であるときを認識でき，必要な情報の所在を知る能力をもち，必要とした情報を理解し，効果的に利用できる能力をもった人である。……つまり，情報リテラシーのある人とは，学び方を知っている人である。学び方を知っているというのは，知識を通して学習することができるように，知識がどのように整理されていて，どのように見つけだせばよいか，どのように情報を利用したらよいかを知っていることである。（1989　アメリカ図書館協会）

　学校図書館の扱う資料が多様化し情報量の増大に伴って，利用者自らが情報の海を航海できるように，図書館のナビゲート機能は高度化してきました。ナビゲートの第1段階は図書館資料の整理方法や配架方法などを教える利用指導です。第2段階として，利用者が自ら探し出せるようにパスファインダーという，あるテーマに関して段階的に資料に導くリストが1980年代に開発されました。そして第3段階として1990年代以降，自分で情報を探し，利用し，分析統合し，発信し，評価するという情報利用の流れ（プロセス）を体験し，その体験の積み重ねによって探究プロセスを知り，推論する力を身に付け，最終的にはどんなテーマであっても探究プロセスを自ら作り，課題解決ができる力を身に付けるという方法が開発されました。必要に応じて適切な情報・資料をインプットし，自分で思考し判断してアウトプットとしてレポートにまとめたり，発信・行動したりする力です。これが情報活用能力，「情報を使う力」であり，その力の育成に探究的な学びが有効なのです。このように，情報活用能力の育成は，学校図書館利用指導の延長上にでてきた概念です。

　情報活用能力という概念のうち，情報教育が目標とするのは，情報活用の実践力，情報の科学的な理解，情報社会に参画する態度の3つの観点から成り，コンピュータ利用を基盤としたものです。学校図書館で目標とするのは，印刷物，視聴覚資料，電子資料，ネットワーク情報資源と多様な幅広いメディア利用を前提とした教科横断的な情報活用能力の育成であり，情報を使う力の獲得や学び方を身に付けることなのです。

 学校図書館の目的・機能

 児童生徒にとって，よりよい心の居場所となるような学校図書館にするためには，どのような工夫や対応が必要でしょうか。

 話を無心に受け止めて聴くフラットな共感性と教職員同士の連携を。

　学校は小学校では主に担任教諭が，中学校と高校では担任だけではなく，教科担当教諭が学習活動を担います。教科等の学習には評価が伴います。そういう意味で教職員は評価者といえます。

　しかし，保健室の養護教諭は，授業を担当しないため，狭い意味での教育評価から離れたところに身を置いています。したがって，児童生徒が心を開いて，いろいろなことを話したり，場合によっては悩みを打ち明けたりします。保健室は，児童生徒が緩やかな雰囲気の中で，ひと息つける場所ですが，学校にはそういう場所が極めて少ないのです。見方を変えれば，友達関係を息苦しく感じる児童生徒にとっては，教室は画一的な場所であったり，同調圧力を感じる場所であったりするのです。

　学校図書館もまた，保健室と同様に，児童生徒が評価されるという立場から離れて，ひと息つける場所，「憩いの場」でもあるのです。このような観点から学校図書館は，教育的であり過ぎることは避けるようにしたいものです。話したいときに話を聞いてくれる場，評価から離れた場所，何も話したくないときに静かにしていてもいい場所など，多様性を担保したいものです。

　ただし，人の話を「聴く」というのはとても難しく，例えばカウンセリング心理学でも最も基本的な態度の一つです。児童生徒の話を聞いていると，つい何か口を挟みたくなってしまいます。無心に児童生徒の話を聴くのはエネルギーを必要とします。評価から離れ，目の前の児童生徒を丸ごと受け止める態度が大切です。言い換えれば「フラットな構え」，「心と身を開く構え」が求められます。児童生徒は直感的にどういう人なのかを見抜きます。ですから，学校図書館担当者が多様化する児童生徒への対応を自覚し，心掛けていないと意味がありません。そして，児童生徒との信頼関係に配慮しつつ，学年主任や担任，養護教諭の他の教員との連携・協力を心掛け，児童生徒との関わり合いの中で気付いたことはどんな小さなことであっても伝え，お互いに情報交換に努めるようにします。

　学校図書館には教育課程を支えるという使命がありますが，学校図書館が学習機能の充実に特化した場所として位置付けられると，心に悩みを抱えている児童生徒の居場所がなくなってしまいます。問題を抱えていなくても，誰にでも静かにひと息つきたくなるときはあるものです。

学校図書館における図書館資料

 学校図書館資料の提供において，どのようなことに留意したらよいのでしょうか。

 教育設備としての学校図書館の特質を考えた資料提供が必要です。

　学校図書館ガイドラインには，「児童生徒の学校内外での読書活動や学習活動，教職員の教育活動等を支援するため」に資料提供を積極的に行い，「公共図書館や他の学校の学校図書館との相互貸借」に努めるように述べられています。

　図書資料の貸出・返却の場は，児童生徒が読みたい本を借りる手続きをするだけでなく，個に応じた読書指導の場でもあります。小学校では，カウンターに教員が立つことにより「読み物や物語も借りましょう」「少しずつ長いお話も読めるようになってきたね」などと声をかけたり，児童生徒の読書傾向を知って読書指導に生かしたりすることができます。

　貸出冊数は，複数，できれば3冊以上にすると，各自が読みたい本の他に学習のめあてに応じた図書資料の貸出ができます。貸出期間も児童生徒の学校生活と合っているか検討します。

　館内での閲覧も大切な資料提供です。閲覧席は，一人で利用できる個人用の席，模造紙などを広げてグループ作業ができる席，気軽に雑誌や絵本などが読めるコーナー，新聞が読めるコーナー，取り出した図書資料をちょっと広げて見ることができる書架近くの机など，利用の仕方に合わせたスペースがあるのが理想です。

　予約ができると，欲しい資料が借りられていて目の前に無くても，返却を待ち，手に入れることができます。人気の本が同じクラスだけで回覧されることも防げます。予約ができると，次に読みたい本があるという児童生徒が増え，より主体的な読書になるようです。

　学校図書館の開館時間，貸出冊数・期間，館内案内などは，慣例で決まってはいても文章化されていない学校もあります。学校図書館利用案内を作成し，オリエンテーションで配布するなど，学校図書館の利用促進を図りましょう。

　ブックトークや口頭による学校図書館資料の紹介，展示や掲示，図書館便り等での紹介，学習支援での資料紹介，ブックリストやパスファインダーの作成など，資料案内・読書案内を進んで行い，資料が探せる学校図書館，本との出会いがある学校図書館を目指します。さらに，書架の前で様々な作品と出会うことは大切でしょう。情報センターとして，コンピュータや実物・模型も使え，公共図書館の団体貸出の利用はもちろんのこと，校外の施設や人材などの情報も入手することができる学校図書館が理想です。

 学校図書館における図書館資料

 学習を支える資料が備える基本的な条件とは何でしょうか。

 学習材として機能させられるかを見きわめることが大切。

　2017年改訂（小学校・中学校）・2018年改訂（高等学校）学習指導要領では，「主体的・対話的で深い学びの実現」を求めており，探究的な学習が重視されています。教科書教材だけではなく，学校図書館の多様な資料はそのような学習の実現に資するものです。資料では児童生徒の教材・学習材として機能させられる条件を備えていることが大切です。教材は教師が「教え込むための材料」となるものですが，「主体的・対話的で深い学びの実現」を目指すとき，学習者主体の考え方に立つことが大切です。この場合，「教え込む材料」としての「教材」よりも，むしろ「学習者が自ら主体的に学ぶ材料」としての「学習材」という考え方に立つ必要があります。

　教科の特性に応じた単元のねらいや学習目標に応じて，一般向けに刊行された資料であっても，学習材としての可能性を発見できます。特に高校では一般向けの図書をどのように学習材として機能させるか，授業デザインによって扱い方が異なってくるでしょう。一方，小学校で扱う資料は，出版社によって学習用に編集したものがほとんどであるため選定しやすいのですが，中には安易な本づくりをしたものも見られます。中学校では，児童書では簡単過ぎるため，かといって一般書ではまだ難しい場合もあり，資料としての選定が難しいのです。生徒の実態に即して選定するようにしたいものです。

　学習者主体の学習を支える資料に必要な条件とは，第1は，学習の材料となる質の高い信憑性のある情報が掲載されていることです。例えば，監修者や執筆者，情報の出典が明記されていなかったり，インターネットの情報を使って切り貼りした粗雑な情報で本が作られていたりする資料では学習には向きません。第2には，質の高い編集を経て制作されていることがその条件となります。質の高い編集とは，情報が単に羅列されているのではなく，読者が利用しやすいように情報の配列や構成などの工夫が施されていることや，必要に応じて図表や写真解説，注釈など，工夫が見られることです。誤字や脱字が少ないことも編集の質を保証する目印となります。目次や索引が充実していれば，学習により適しているといえます。第3は，掲載された情報量です。情報の信憑性を見極めるのはけっして簡単なことではないのですが，安易な本づくりかどうかは見た目でも分かることがあります。価格が高いわりに情報量が極端に少ない場合は，安易な本づくりをしている目印にもなります。

　大切なのは，授業デザインの中でどのように資料を活用するのか，このことが十分に練られていないと，優れた資料であっても，そのよさを十分に生かしきれないのです。

学校図書館における図書館資料／学校図書館と地域の連携

 自作資料や児童生徒の作品などは、
どのように保管・活用したらよいのでしょうか。

A 教科等の学習のための教材・学習材として有効活用する。

　教科や総合的な学習の時間、学級活動やホームルーム活動などで学校図書館を利用する際、学校図書館担当者が独自に自作の資料を作成する場合があります。情報ファイルと呼ばれる、テーマごとに関連した資料をまとめたファイルです。例えば、中学校での職業調べの際に、職業ごとに仕事内容などを記載した情報ファイルを作っておけば、生徒の学習に役立ちます。

　児童生徒が探究的な学習などでまとめたり調査したりして作った作品や資料などの成果物は、学習後に返却することが殆どです。しかし、最初から教材・学習材として活用することを前提に保管しておけば、次年度に児童生徒が同じ内容や同じ単元の学習に取り組む際の有用な教材・学習材として活用することができます。児童生徒の作品の場合は全てを残す必要はなく、模範となる作品を手元に残すようにします。情報ファイルなどの資料として活用可能なものは、全ての成果物を残す必要があります。例えば、伝記を読み、1枚の紙に概要、年表、読後の感想などを構成してまとめた場合、学校図書館に展示することは他の学年の児童生徒にとって学習効果があります。次年度の児童生徒にとってよい模範となる作品であれば児童生徒に相談の上、現物を残すか、コピーを残すようにします。

　学校図書館担当者は自治体や観光協会による無料のパンフレットやリーフレットなどを収集し、郷土資料の情報ファイルを作っておくと、総合的な学習の時間などの郷土学習で活用できます。また、児童生徒による授業で作った資料も情報ファイル化して有効活用できます。例えば、新聞記事を使った資料作りでは、新聞記事を一つだけ取り上げ、その記事の内容について概要を記載するとともに、他の図書資料やインターネットで調べた情報を書き加え、1枚の情報シートにまとめます。この情報シートは当該年度の児童生徒が授業の中で活用した後、そのまま次年度の児童生徒のための資料として活用します。学校図書館担当者は、児童生徒が作成したシートを見て、分類を考えながら、標目に①件名、②発行年月日、③新聞名を記入します。日本十進分類法（NDC）に基づいて書類ボックスに分類し、情報ファイル・コーナーを設け、収納します。どうしても返却したい場合には、コピーをとって活用するとよいでしょう。児童生徒には自分たちがまとめた資料を次年度の教材として活用することを学習の最初から伝えておけば、学習に対する意欲も一層高まることでしょう。

学校図書館の施設

学校図書館は，読書の場，学習の場として，どのような環境を整えることが大切なのでしょうか。

A 学校図書館の目的と機能を視野に入れた環境をつくりましょう。

学校図書館は，環境づくりにおいても，2つの目的と3つの機能を持った教育設備であることを念頭に入れることが大切です。「学校図書館ガイドライン」には，「学校図書館は児童生徒が落ち着いて読書を行うことができる，安らぎのある環境や知的好奇心を醸成する開かれた学びの場としての環境を整えるよう努めることが望ましい。」と記されています。

長期的な展望では，利用者の動線を考えて利用しやすい位置にあることが大切です。また，コンピュータや実物・模型・ファイル資料なども図書資料と同時に利用できる学校図書館にしたいものです。書架が足りない，書架に直射日光が当たる，狭い，薄暗いなど，すぐに解決できないことでも，課題として校内で認識し，できる範囲で工夫をし，大きく変えられるチャンスを見逃さないようにしましょう。机やイスなどの図書館家具は，安全で使いやすいかどうか点検して，不備があれば購入を提案します。窓に紫外線防止フィルムを貼る，館内の模様替えをする，照明を明るくするなど，すぐにできる小さなリニューアルを進めましょう。

また，施設設備も案内表示もユニバーサルデザインであることが重要です。

館内整備で一番大切なのは，日本十進分類法（NDC）により図書資料が排列され，案内表示がきちんとされていることです。図書館マップも作りましょう。求める資料が探しやすいだけでなく，生涯学習の視点でも小学校からNDCの基本を学びNDCに慣れ，転校しても，町の図書館でも，進学しても，NDC順に図書資料が並んでいれば，資料探しが容易にできます。

ラベルは，3段にして図書記号や巻冊記号にも着目すると，資料の欠損や蔵書傾向が可視化できます。伝記を被伝者順に排架すると，児童が被伝者に着目するようになります。別置は，なるべく少なく効果的にします。別置が多すぎると，ラベルが本の住所の役割をしなくなってしまい，たまに利用する利用者は，必要な資料を探すのに苦労します。

学校図書館は，本との出会いの場でもあります。児童生徒が好みそうな選書をすることは大切ですが，「健全な教養」や「国語力」を育成するための選書をして展示や掲示など出会いの場を工夫することも大切です。調べるための図書資料や図書以外の資料も重要な学校図書館資料です。

学校図書館を授業で活用しなければ，娯楽中心の蔵書構成になってしまいます。全国学校図書館協議会が公表している「学校図書館メディア基準」の「蔵書の配分比率」を参考に自校の蔵書数を考慮して蔵書比率を考えましょう。

学校図書館の施設

? 学校図書館の広さには基準があるのですか。
また,明るさの基準などがあれば教えてください。

A 広く明るく,ゆとりある図書館で,多様な学習活動を支えましょう。

　学校図書館は,公立学校の施設・設備として,文部科学省の「学校施設整備指針」が指針となっています。「学校施設整備指針」は,小・中学校は1992年,高校は1994年,特別支援学校は1996年に作成され,以降数次にわたり改訂されています。
　学校図書館の広さについては,平成28年の『小学校施設整備指針』に以下の記述があります。
　第3章　平面計画　（中・高等学校の整備指針にも同様の記述。下線は筆者による。）
　（1）<u>利用する集団の規模等に対して十分な広さの空間を確保する</u>とともに（後略）
　（2）<u>図書,コンピュータ,視聴覚教育メディアその他学習に必要な教材等を配備した学習・メディアセンターとして計画する</u>ことも有効である。
　（3）<u>学習・研究成果の展示のできる空間を計画する</u>ことも有効である。
　第4章　各室計画
　（1）<u>多様な学習活動に対応することができるよう面積,形状等を計画する</u>ことが重要である。
　（2）1学級相当以上の机及び椅子を配置し,かつ,<u>児童数等に応じた図書室用の家具等を利用しやすいよう配列することのできる面積,形状等とする</u>ことが重要である。
　ここには具体的な面積等の数値は示されていませんが,学校図書館の3つの機能を十分に果たすために,〔学習〕,〔読書〕,〔ブラウジング〕,〔書架〕,〔展示〕,〔コンピュータ〕,〔カウンター〕の各スペース等を工夫して確保していきたいものです。
　また,全国学校図書館協議会制定「学校図書館施設基準（1999年）」には,学校図書館に必要とされるスペースや学級数規模別の各スペースの最低面積が示されています。学校図書館のあるべき姿をふまえ,自校の学校図書館を改善していくときの指針となります。学校図書館担当者は,日ごろから,先進的な学校図書館を見学したり,リニューアル（隣接教室や余裕教室の活用による機能の拡充,館内レイアウトの工夫等）に関する情報収集をしたりなどし,校舎改築や施設改修の機会には,具体的な提案ができるよう心掛けたいものです。
　学校図書館は学習や読書をする場として,採光や照明に留意し,必要な明るさを確保することも重要です。前出の「学校図書館施設基準（1999年）」には,「人工照明による机上の照度は300ルクス以上とする。光源は昼光色を採用する」とあります。窓面による自然採光の活用に際しては,季節,時刻による光の変化や書架の紫外線対策（図書の退色防止等）にも留意したいものです。

 学校図書館の施設／学校図書館の機能・目的

 学習センター・情報センター・読書センターとしての機能を十分に果たすために，学校図書館にはどのような施設が必要でしょうか。

 多様な学習活動に対応し，利用しやすく，くつろげる図書館に。

　学校図書館には，児童生徒の主体的・自発的な学習を支援する「学習センター」，情報活用能力を育成する「情報センター」，読書習慣を身に付け，豊かな人間性を育む「読書センター」の3つの機能が求められています。さらに，今日では，教員の教材研究，授業研究を支援する「教員サポート」，児童生徒の「居場所」となり，「他者とかかわる場」としての機能も期待されています。これらの多様な機能を果たすために必要な施設を整備・充実していきたいものです。

　文部科学省は『学校施設整備指針』により，学校施設の計画・設計のための留意事項等を示しています。平成28年の『小学校施設整備指針』では，学校図書館を「問題解決的な学習等における児童の主体的・積極的な利用を促す諸室」として「学習関係諸室」に位置付けています。

　学習センター，情報センターとして利用しやすいように施設を整備し，多様な学習活動に対応できる学校図書館をめざすとき，参考となるのが全国SLAが発表した『夢のある理想的な学校図書館』（小学校編：1999年，中学校編・高等学校編：2001年）です。例示されている学校図書館レイアウトの平面図には，必要な施設が具体的に示されています。

【書架等】壁面用高書架，低書架，両面書架，展示台付き絵本架，AV資料用書架，ファイル資料用書架等，用途に応じて利用しやすいように設置します。ブックトラックを用意し，各学年，学級での図書活用を活発にしていきます。

【机・椅子】1学級相当以上の机，椅子が配置されていることが必要です。机は，グループでの学習や作業にも対応できる大型テーブルや円形テーブル，可動式（組み合わせ可）のものなど利用目的に応じて設置するとよいでしょう。

【学習スペース】コンピュータ（学習用コンピュータ・検索用・資料管理用）を設置します。ホワイトボードを複数台置き，グループ学習や発表等で活用できるようにします。学習用具棚（ワークシート，マジック，糊，ハサミ，付箋紙等を入れる）を置きます。

【展示スペース】児童生徒の作品（レポート・発表資料・ポスター・文集・作品集等）を展示したり掲示したりするスペースを設けます。テーマ展示や掲示（季節・学校行事・時事等）のスペースを設けます。

【ブラウジングスペース】ソファー（ベンチ），スツール，ねころび台，カーペット，畳，観葉植物等を置きます。足を運びたくなる空間，くつろぎの空間となるよう工夫します。

特別支援学校の図書館

 学校図書館における「合理的な配慮」について教えてください。

 子供のニーズの把握が出発点。

　2016(平成28)年4月に施行された「障害を理由とする差別の解消の推進に関する法律」(障害者差別解消法)では，行政機関等に対して障害者からの「意思の表明があった場合」には「負担が過重でない」範囲で「合理的な配慮をしなければならない」と規定しています(法第7条第2項)。ここでいう行政機関等の中には国公立の全ての学校も含まれます。「合理的な配慮」とは，日本政府も批准する「障害者の権利に関する条約」によると，「障害者が他の者との平等を基礎として全ての人権及び基本的自由を享有し，又は行使することを確保するための必要かつ適当な変更及び調整であって，特定の場合において必要とされるものであり，かつ，均衡を失した又は過度の負担を課さないものをいう」(条約第2条)と定義されます。つまり，障害者からの意思の表明をもとに，状況や場面に応じた変更や調整を学校(及び学校図書館)の体制や費用などに負担がかかり過ぎない範囲で行うことといえるでしょう。

　「合理的な配慮」は，障害者からの意思の表明に基づき提供するものでありますが，子供の場合，その年齢や障害の状態などによって，意思をうまく表明できないことも考えられます。したがって，保護者や学級担任，特別支援教育コーディネーターなどと緊密に連絡を取りながら子供のニーズ把握に努めることが大切です。

　また，「合理的な配慮」は，「負担が過重でない」範囲で提供するものでありますが，負担の度合いは学校(及び学校図書館)に「合理的な配慮」を的確に提供できる環境が整っているかどうかによって違ってきます。負担の度合いを軽減し，提供できる「合理的な配慮」の幅を広げていくためには，「基礎的環境整備」(事前的改善措置ともいう)を計画的・継続的に進めることが欠かせません。「学校図書館経営計画」に盛り込むことも有効です。障害者差別解消法では，「自ら設置する施設の構造の改善及び設備の整備，関係職員に対する研修その他の必要な環境の整備に努めなければならない」(法第5条)と定めています。

　学校図書館における「合理的な配慮」の例としては，子供のニーズに応じて，点字図書などのさまざまな形態の図書館資料を用意して提供することや，対面朗読(代読)サービスを提供することなどが挙げられます。

　図書館における「合理的な配慮」とそのための「基礎的環境整備」の具体的内容に関しては，学校図書館に特化したものではありませんが，日本図書館協会が「図書館における障害を理由とする差別の解消の推進に関するガイドライン」を作成，公開しており，こちらが参考になります。

 特別支援学校の図書館／学校図書館における図書館資料

 ディスレクシアの児童のために，蔵書をもとに音声図書を作りたいと思っています。小学校の学校図書館なのですが，著作権者への許諾は必要ですか。

 「著作権法」第37条第3項の規定により無許諾で可能。

　この質問のようなケースは，「合理的な配慮」の一つとして，小学校の学校図書館に限らず，中学校や高等学校などの学校図書館においても今後広がっていくのではないかと思われます。
　地域の公共図書館では，音訳者の協力を得ながらデイジーなどの音声図書を作っている（これを音訳作業という）ことはよく知られています。また，特別支援学校の学校図書館でも，同様の取り組みをしているところがあります。これらの取り組みは，「著作権法」第37条第3項の規定に基づいて，音訳作業の対象となる図書などの作品の著作権者に許諾を得なくても行えることになっており，しかも，この規定が適用される対象には，特別支援学校以外の学校図書館も含まれています。
　「著作権法」第37条第3項では，「視覚障害その他の障害により視覚による表現の認識が困難な者」（視覚障害者等）に対して，公表された著作物の「文字を音声にすることその他当該視覚障害者等が利用するために必要な方式により，複製し，又は公衆送信を行うことができる」と規定しています。ここでいう「視覚障害その他の障害により視覚による表現の認識が困難な者」とは，視覚障害者はもちろん，文字の読みに困難を伴う学習障害者（ディスレクシアの人）や知的障害者，図書を持ったりページをめくることが難しい肢体不自由者なども含んでいます。また，「当該視覚障害者等が利用するために必要な方式」による複製には，音声図書を作ることはもちろん，文字サイズや字体を変えて拡大文字図書を作ることやデジタル化してマルチメディアデイジー図書を作ることなども含んでいます。これらの諸点については，日本図書館協会や全国学校図書館協議会などが共同で作成，公開している「図書館の障害者サービスにおける著作権法第37条第3項に基づく著作物の複製等に関するガイドライン」により詳しく解説されているので，参照してください。なお，はじめから音訳図書などの「視覚障害者等が利用するために必要な方式」で出版されている作品については，上述の複製は行えないので注意が必要です。
　音訳図書などを作る作業は，専門的な知識・技能が求められるため，音訳者などにボランティアとして協力してもらうほうがよいでしょう。地域によっては音訳などのボランティアグループが存在し，すでに公共図書館や特別支援学校の学校図書館，社会福祉協議会などで活動しています。したがって，まずは，地域にあるこれらの諸機関に相談することから始めてみましょう。

特別支援学校の図書館／学校図書館における図書館資料

 点字図書などはどのように整備充実すればよいですか。
その方法も教えてください。

 公共図書館などとの連携がポイント。

「学校図書館ガイドライン」では,「(5) 学校図書館における図書館資料」の中で「発達障害を含む障害のある児童生徒や日本語能力に応じた支援を必要とする児童生徒の自立や社会参画に向けた取り組みを支援する観点から,児童生徒一人一人の教育的ニーズに応じた様々な形態の図書館資料を充実するよう努めることが望ましい。例えば,点字図書,音声図書,拡大文字図書,LLブック,マルチメディアデイジー図書,外国語による図書,読書補助具,拡大読書器,電子図書等の整備も有効である」としています。全ての学校において障害のある子供や日本語能力に応じた支援を必要とする子供が増えている現状をふまえるならば,ニーズに応じたさまざまな形態の図書館資料の整備充実の必要性も当然高まっています。

これらの資料の整備充実を進めるには,以下の3つの方法があります。すなわち,①市販されているものを購入する,②「著作権法」第37条第3項に基づき学校図書館で作る,③公共図書館などとの連携により貸借する,の3つです。

①は,他の図書館資料と同様に,書店などを経由して購入する方法が一般的です。ただし,オンデマンド出版によるものなど発注方法が他と異なる場合も少なくないので注意が必要です。近年,これらの資料の出版は増えつつあるものの,全体の出版点数はまだ限られている現状にあります。

②については,すでに別の質問への回答で詳しく述べている(p.46参照)ので,そちらを参照してください。付言すれば,「著作権法」第37条第3項で全国の公共図書館や点字図書館(視覚障害者情報提供施設)などが作った音声図書などのうちデジタル化されているものについては,全国視覚障害者情報提供施設協会の運営する「サピエ」(有料)や国立国会図書館による「視覚障害者等用データ送信サービス」(無料)に学校図書館として登録手続きをすることで,インターネット経由で入手することができます。

③が現状においては最も効果的な方法といえます。公共図書館では,以前から「障害者サービス」や「多文化サービス」を行っているところも多く,そのような公共図書館では,利用者のニーズに応じたさまざまな形態の図書館資料を多数所蔵しています。資料の貸借に向けて,まずは公共図書館に相談してみるとよいでしょう。また,資料によっては点字図書館や他校の学校図書館との連携も有効です。

学校図書館と地域の連携

 １校の学校図書館だけではできないこともあります。学校図書館は地域とどのように連携していけばよいのでしょうか。

 「地域の教育を学校図書館が変える」という意識を持ちましょう。

　「学校図書館法」には学校図書館が「学校において欠くことのできない基礎的な施設である」「その健全な発達を図り，もつて学校教育を充実することを目的とする」と記されています。つまり学校図書館は児童生徒の読書活動を推進し学習を支えるために設置されていると位置付けられているのです。しかし「もっと読書をしたい，情報と接したい」という願いは多くの人々に共通のもので，学校に通っている児童生徒だけのものではありません。そこで，学校図書館をより広い範囲で活用していこうという考えが生まれます。

　その第一が教職員です。広く情報を集めたり，情報の正確さを確認したり，どのような情報提供が効果的かを判断したり，児童生徒に自ら情報収集・選択・活用を促したり，授業のアイデアを生み出したりと，学校図書館の役割は多く，教職員も利用対象者とされています。

　次に児童生徒の保護者です。「親子読書」「家読」という形で学校図書館の資料を保護者も利用し，児童生徒の読書推進や資料活用の機会を広げています。また，学校図書館に付随させる形で保護者用の図書を保管し，貸出している学校もあります。

　さらに近隣に書店や公共図書館がなく，学校図書館以外に自由に図書を貸してもらえる場所がないという地域では，地域の方々に学校図書館を開放しているところもあります。こうしたところでは，蔵書計画や貸出のルールなど，通常の学校図書館とは異なる独自のルール作りが必要になります。ただ，本来の学校図書館の役割を損なわないように留意することが大切です。

　こうなると，読書活動や深い学びを支えるための学校図書館だけで対応するのは難しいでしょう。そのためのネットワーク作りが必要になります。同じ地域内の学校同士で学習の展開に応じて資料を融通しあったり，公共図書館から「団体利用」「集団貸出」などのシステムを利用して資料を調達したりすることが求められるようになります。また，児童生徒へ推薦する図書を選定する際も，地域内の学校や公共図書館との情報交換が推薦の成果を高めます。

　こうした連携の効果を高めていくためには，互いの活動について情報を提供しあう機会を定期的に持つこと，推薦図書の選定や児童生徒の読書について意見交換会を持つこと，貸出のルールや資料の運搬について共通理解を図ることなどが大切です。できれば双方が協力して市区町村にお願いしていくことも必要になるでしょう。そうしていくためには，学校図書館の担当者だけでなく，学校図書館の館長である校長にも大きな役割を果たしていただく必要があると考えます。

学校図書館と地域の連携

 学校図書館は「公共図書館との連携が大切だ」といわれていますが，具体的には，どのように連携していけばよいのでしょうか。

 公共図書館の運営形態を理解した上で連携する内容を明確に伝える。

　学校図書館が公共図書館と連携する場合の主な活動としては，図書資料の学校への貸出，図書館職員の学校への派遣，公共図書館の読み聞かせや展示などのイベントへの参加などがあります。学校教育と社会教育施設である公共図書館が連携する「学社連携」は，双方にとってメリットがあります。学校に不足しがちな機能を公共図書館が補完し，一方で公共図書館は学校へのサービス提供によって，地域社会の教育力の向上に役立つことができるのです。また，児童生徒は，現在，あるいは将来の大切な公共図書館の利用者として期待することができます。

　こうした連携の第一歩は，学校と公共図書館との連絡会（情報交換会）の開催です。互いを知り情報を共有することは，連携を確かなものにします。ただし，学校が公共図書館と連携する場合，公共図書館の運営形態をまず理解しておく必要があります。

　かつて公共図書館の多くは，司書資格を有する専任の職員が運営に携わっていたのですが，現在は公共図書館の運営も多様化してきており，中には，図書館の現場管理を民間企業に外部委託している自治体もあります。こうした地域では，図書館の管理部門の職員が図書館の専門性を有していないという場合が少なくありません。このため，学校が公共図書館に対して資料の貸出を依頼しても理解されないということがあったり，指定管理者が管理している場合に自治体との契約の中に学校との連携・協力が含まれていない場合があったりします。

　このような状況もありますので，学校が公共図書館と連携する場合，校長とも協議の上，公共図書館の責任ある担当者に目的や希望をていねいに説明していく必要があるでしょう。場合によっては，予め自治体の公共図書館を管理する社会教育部課への相談も必要です。

　学校図書館の資料には限界があります。ですから，教科等の探究的な学習を行う場合，より最新の様々な資料を求めて貸出を依頼する必要が生じます。また，図書館職員の専門的な能力を学校教育に生かすため，小学校では読み聞かせ，中学校・高校では資料の調べ方などについて指導を依頼することも考えられます。さらに，中学校ではキャリア教育の一環として，生徒の職場体験を依頼する場合もあるでしょう。公開講座などの事業を通して，公共図書館は地域ネットワークの拠点として様々な人材を把握しています。ゲスト・ティーチャーなどの外部人材の紹介を依頼することも有効な連携方法でしょう。いずれにしても，両者がWIN-WINの関係となるよう，長期的な見通しを持って信頼関係をつくるように努めたいものです。

 学校図書館と地域の連携／学校図書館の機能・目的

 公共図書館にも学校図書館にも本がたくさんありますが、公共図書館と学校図書館とはどのように違うのでしょうか。

 公共図書館は社会教育施設、学校図書館は教育課程に寄与する施設。

　公共図書館は1950（昭和25）年に施行された図書館法によって，また，学校図書館は1953（昭和28）年に施行された学校図書館法によって規定されています。両者はそもそも設置者も位置付けも異なる施設です。

　公共図書館は社会教育施設の一つであり，地域の情報拠点です。図書館法においては，「図書館とは，図書，記録その他必要な資料を収集し，整理し，保存して，一般公衆の利用に供し，その教養，調査研究，レクリエーション等に資することを目的とする施設」と定められています。

　公共図書館は，市民を対象とした生涯学習の場であり，老若男女が学習や娯楽，ビジネスなどのために利用する場であり，近年では住民サービスの一環として，首長のリーダー・シップなどにより図書館経営に力を入れる自治体が増えてきています。また，同じく図書館法に「図書館は，図書館奉仕のため，土地の事情及び一般公衆の希望にそい，更に学校教育を援助し得るように留意」することとされ，郷土資料，地方行政資料，美術品，レコード，フィルムの収集にも十分留意して，図書，記録，視覚聴覚教育の資料その他必要な資料（以下「図書館資料」という。）を収集し，一般公衆の利用に供すること。」と定められています。公共図書館は地域社会の重要記録を保存・活用し，未来に伝達する役割を担っており，いわば「アーカイブ」としての役割が求められているといえましょう。

　一方，学校図書館は学校教育法施行規則第1条並びに学校図書館法第3条に，その設置が義務付けられています。

　また，学校図書館法第2条においては，「図書，視覚聴覚教育の資料その他学校教育に必要な資料（以下「図書館資料」という。）を収集し，整理し，及び保存し，これを児童又は生徒及び教員の利用に供することによって，学校の教育課程の展開に寄与するとともに，児童又は生徒の健全な教養を育成することを目的として設けられる学校の設備をいう。」と定義されています。特に「教育課程の展開に寄与する」と定められていることが重要であり，単なる「図書館資料」を収納した施設ではなく，児童生徒と教員のための機能的な施設として位置付けられているのです。

　「教育課程の展開に寄与する」ためには，学校図書館の機能が十分に発揮され，教科の学習はもとより，特別活動等においても，より充実した教育活動を行うことのできる施設でなくてはなりません。そして，学校図書館は生涯学習の基盤を養う場でもあるのです。

50

 学校図書館と教育委員会

 学校図書館活用を活性化させるために，
県や市の教育委員会が果たすべき役割とは何でしょう。

 各教科ごとに学校図書館活用による推進の視点を明示する。

　新学習指導要領においては，「社会に開かれた教育課程」の構築に向け，各教科における資質・能力を基盤とした教育課程の作成とともに，日々の授業改善を行いながら教育課程の検討改善を推進していく作業として，「カリキュラム・マネジメント」の必要性が求められています。その際，「主体的・対話的で深い学び」を目指した各教科の授業では，教科の目標・内容の定着を図る上で，身に付けたい資質・能力を想定し，各教科の特質による「見方や考え方」を重視した授業づくりが重要であるとされています。
　そうした学習指導要領の理念の具現化を踏まえると，県や市の教育委員会では，カリキュラム・マネジメントを行う際の重要な要素として「学校図書館活用」の視点を明確に示し，様々な機会を通して，繰り返し丁寧な発信をしていくことが大切な役割であると考えます。
　具体的な取り組みとしては，以下に示すようなことが考えられます。
①学習指導要領の理念に基づき，教育委員会として独自に「教育課程編成の指針」，「教育課程編成のガイドライン」「カリキュラム・マネジメント要領」等を作成し，学校図書館の利活用に関しての重要性を明確にした教育課程の編成，授業改善の必要性を示していくこと。
②学校図書館が「教育課程の展開に寄与する」という学校図書館法の理念を果たすために，3つの機能を持ち，学校図書館を活用した授業の具体例やイメージを「授業づくり講座やワークショップ」「DVD資料の作成」等見える形として例示する手段を具体的に講じること。
③意図的，計画的，継続的な取り組みとして，学校図書館を活用した授業研究会の支援や，授業実践に関わる研修の実施等，学校図書館の利活用に関する指導・助言の充実を図ること。
④学校図書館の利活用推進の要である司書教諭や学校司書の役割を明確化し，それぞれの役割に関連する研修や情報提供等を通して，学校図書館に携わる職員の資質向上を図ること。
⑤学校図書館の蔵書やその他学習に必要な情報・資料等の量的・質的な整備に関わる予算を確保し，学校図書館の機能の強化と充実を図ること。
　これらの取り組みを計画的な施策として相互に関連付けて，「学校図書館の利活用」を着実にカリキュラム・マネジメントの推進と連動させていくことが必要であると思われます。

 学校図書館と教育委員会／学校図書館の利活用

 学校図書館活用の具体的な推進を図るための
教育委員会と学校との連携方法について教えてください。

 まずは，行政と学校双方に関わる情報を共有すること。

　学校図書館の利活用の推進は，新学習指導要領の具現化を支える要素であることは言うまでもありません。各学校では，全ての教育活動を通して学校教育目標の具現化に努めることが学校の責務であり，そのために行政としての教育委員会の方針に基づき各学校のカリキュラム・マネジメントを進めていきます。ですから，教育委員会としては，各学校にどのような情報を発信し，教育活動の充実を図ってもらうかということを，また，学校では，発信された方針等に示された事柄をもとに，学校の特色に応じた教育活動の実現をどのように目指していくかということが大切です。

　具体的な連携方法については，双方向で連携のアプローチを理解し合い，有効となる取り組みとして共有し，協働的な取り組みとして実効性の高い連携の在り方を創り上げていくことが必要です。以下に，教育委員会のアプローチとして例示します。

（1）施策の周知とその活用に関する具体的な情報発信・情報共有に基づく実践の蓄積
　　　学校図書館活用の充実や読書活動の活性化に関連する施策の趣旨や目的，概要や具体的な取り組み事例は，学校では具体的な実践の方針を明確にしたり，実践方法を考えたりしていく上での大きな情報となります。様々な情報発信の方法を工夫するとともに，そうした発信を受けて実践を通して検証された結果は，実践事例や報告書等などに整理された新たな情報として教育委員会が蓄積し，学校からの必要に応じて閲覧や貸出等活用できるシステムなどを工夫することが有効であると思われます。

（2）学校図書館を活用した授業づくりや学校図書館環境の整備に関わる相談
　　　学校図書館活用の実践については，学校図書館支援センターをはじめとする相談機能の充実や，公共図書館司書の専門性による助言等の人材を直接利用した連携とともに，学校図書館支援センターや公共図書館の資源共有という物的な資源利用を通した連携があります。

（3）情報交換や実践の技能の向上を意図した研修機会の充実
　　　人やものとしての連携も重要ですが，同時に，学校図書館運営を推進するスタッフが身に付けていく見識や実践力も学校図書館の利活用には大きな要素です。研修による知識や技能のスキルアップとともに，学校図書館の利活用に関する情報共有も欠かせない連携です。

 学校図書館と教育委員会

> 教育委員会が行う学校図書館に関わる研修について，対象者や研修内容，研修の進め方等について教えてください。

 立場や役割，キャリア・ステージに見合う研修機会の提供がカギ。

　学校図書館の活用に関する研修は，各学校のカリキュラムの推進を担うそれぞれの立場や役割によって，その内容や方法を工夫して実施することが有効であると思われます。また，同じ立場や役割においても，実務として担ってきた期間の長短や経験の有無等によるキャリア・ステージや，研修者自身の興味関心，得手不得手など，様々な要素を踏まえた研修機会を提供していくことが研修の効果を高めていくことにつながります。

　研修の対象としては，学校図書館活用をどのような立場から進めていくかという視点から，①学校管理職（学校長・副校長・教頭），②司書教諭・学校図書館担当教諭，③一般教諭，④学校司書，⑤学校図書館ボランティア等が考えられます。研修の内容としては，当然それぞれの立場や役割によって変わってきますが，「学校図書館ガイドライン」で示されたそれぞれの職務の立場や役割，また専門性によってその見識を磨くテーマや内容が望ましいことは云うまでもありません。同時に考えなくてはならないことは，研修者のモチベーションやキャリア・ステージということから，研修内容を各対象者の「悉皆」とするか，「選択」とするか，対象者を一堂に会した全体研修とするか，小集団に分かれて行うグループ研修とするか，講義や説明・報告・発表・紹介などを中心とした形で行うか，ワークショップやテーマに基づく協議・情報交換・ゼミナールなどを中心とした形で行うかといった研修方法の工夫，学校図書館や公共図書館や博物館等の校外での研修場所を想定する工夫なども考えられます。

　また最近では，デジタルコンテンツを活用したり，eラーニングによる職場での研修も行われたりする場合もありますが，学校図書館がどのように有効に利活用されているか，利活用されるべきかを自校の学校現場の実態や状況を他校の状況と重ねながら考えていくという点では，実践に関わる直接的な情報交換が可能となる研修場所・研修機会の提供が，研修を通した人材育成にもつながるものと思われます。そのように考えると，立場や役割別の研修のみならず，学校管理職と司書教諭，司書教諭と学校司書，学校司書と公共図書館司書，公共図書館司書と学校図書館ボランティアなど，研修内容や研修テーマによる対象者の想定の工夫等も適宜行い，多様な研修を意図的・計画的・継続的に整えていくことが望まれます。

 学校図書館と教育委員会／学校図書館の利活用

 学校図書館活用と教科指導との関係や，その計画を作成する業務分担はどのようにすればよいのでしょうか。

 学校図書館活用は，教育課程の具現化を図る有効な手立て。

　教育課程の推進における「学校図書館育の活用」は，一単位時間の展開におけるレベルでの活用もあれば，学習単元の全体を通しての活用も想定できます。いずれにしても，学校図書館そのものや学校図書館に整備された図書資料・その他の情報資料を駆使し，子供たちが活動や学びの必然として利用したり活用したりしながら，教科学習の目標や内容の確かな定着とともに，学習力としてのいわゆる「学び方」を身に付けていくプロセスを通して，学校図書館の活用が図られることが望ましいと考えられます。

　こうした学習活動に取り組む子供たちの姿は，教科の学習場面で多種多様な姿として捉えられるようになってきましたが，大別すると国語科を基盤とする「読書活動」を軸として展開される教科学習と，総合的な学習をはじめとする各教科等のねらいや目標を効果的に達成するために行われる「調べる活動」や「探究的な活動」「課題解決的な活動」を学習のプロセスとして位置付けた教科学習があります。

　前者は，子供の読書習慣を視野に，読書量の拡充や読書領域の拡大，読みの深まりを意図した読書力の定着に向けた諸活動だと云えます。したがって，国語科や一部特別活動の指導事項との関連付けを図って活動の質を高めていくことが求められます。それに対し後者は，自ら問題を発見し課題を設定し，解決したり自己実現を果たしたりしていく「学び方」を身に付けながら，教科の目標・内容の定着を目指すとともに，学びに必要な情報・資料を活用する能力を育む探究的な活動を位置付けた教科指導が行われています。

　教育課程はこれらの教科学習を意図的計画的に教育活動として練られた計画であり，学校図書館の利活用との関連付けを図りながら，その精度を高めていくことが重要となります。

　そのためには，教育課程で必要とされる関係図書や必要な情報・資料の整備が必要であることは云うまでもなく，それらの情報・資料の活用方法の相談を受け止めて助言するなど，学習を支援する学校司書の専門性が必要であり，司書教諭や学習の指導者である教師は，教育活動の全体計画や年間指導計画に学校図書館の利活用計画を重ね，授業で実際に活用を図る際にも，支援に携わる学校司書等の担当者との十分な打ち合わせが必要となってきます。

 学校図書館と教育委員会／学校図書館の運営

 ある教育委員会では学校図書館の館長である校長に対して辞令を発令したと聞きました。どのような効果が期待されますか。

 学校図書館活用で，校長のリーダーシップを発揮する。

　学校図書館は，「学校の教育課程の展開に寄与する」「児童又は生徒の健全な教養を育成する」という学校図書館法にある「学校図書館の目的」を鑑みると，各学校のリーダーである学校長が，学校経営における自校の学校図書館の役割や機能に対する高い意識が必要となります。学校図書館が，単なる学校施設の一部としての「図書資料等（本）の保管庫」「読書活動を行うスペース」という意識を超え，3つのセンター機能を有する教育課程の運用には不可欠な施設であるという認識の下，「カリキュラム・マネジメントを視野に入れた学校図書館運営」を推進するという視点に立てたとき，学校図書館法の理念の実現が図られるものと思います。

　所管する教育委員会が，学校長辞令の発令とともに，当該の学校の「学校図書館館長」としての兼務辞令を発令することは，学校経営における学校図書館の経営方針・組織体制・運営内容や運営方法等を，学校教育目標の実現に向けた学校経営計画にどのように反映させていくかという意識の啓発と高揚につながるものと思われます。

　館長としての学校長の学校図書館観は，当該校における学校教育目標の具現化に向けた全ての教育活動を視野に入れたカリキュラム・マネジメントに反映されるものと思われます。校長のリーダーシップの下，学校図書館が，先の2つの目的をもって設置され，教育基本法や学校教育法で示されている学力の定着や豊かな心の育成を支えることには欠くことができないという理念を共有し，児童・生徒はもとより職員の学校図書館活用に対する意識の変革を促すことが期待されます。

　現時点では，学校図書館の館長として校長に辞令を発令している都道府県，市区町村はまだ多くはありませんが，検討中の教育委員会も散見されるようになりました。今後さらに，新学習指導要領の理念に基づく授業観が拡がる中で，カリキュラム・マネジメントに学校図書館の利活用が関係付けされるためには，学校長への学校図書館館長としての辞令発令が，全国的な取り組みとして推進されることが望まれているのではないでしょうか。

 学校図書館と教育委員会／学校図書館の運営

 学校図書館と予算との関係や考え方について教えてください。

 学校図書館運営予算は，各校の学校図書館観を反映する。

　各学校のあらゆる教育活動は，学校教育目標の下に行われています。教育活動において，学校図書館がどのような役割を担い，子供たちの成長を支えていくかは，学校図書館の経営方針・運営方針として学校経営計画に示され，全教職員で共有されます。

　学校図書館の運営は，学校長のリーダーシップの下に司書教諭が中心となって，学校図書館運営計画を始めとする各種の計画（学校図書館指導計画・学校図書館活用計画・読書指導計画・読書活動推進計画等）に基づいて行われます。それらの諸計画の基盤にあるのが，各学校の教育課程であることは言うまでもありません。したがって，学校図書館の運営は，教育課程の実現との関係で，学校図書館の運営に関する諸計画が立てられる必要があります。

　各学校では，今後ますます学校図書館の3つの機能の充実をどのように進めていくかが問われてきますが，その在り方として，学校図書館の運営計画等に基づき，目指す学校図書館像はどのようにあればよいか，そのためにはどのような図書資料をはじめとする学習材・情報資料が必要であるか等，蔵書となる図書資料やその他の情報資料の整備計画が必要です。

　自校の教育課程の推進においては，その教育課程の特色を視野に入れた学校図書館の整備充実が，予算執行計画と連動してくるものと思われます。学習や読書活動に必要な蔵書や情報資料の整備充実には，定期的な図書や情報・資料の購入と廃棄が欠かせません。そのためには，学校図書館の運営に関わる予算は，学校の教育課程の特色に応じた予算編成と予算執行が必要であり，意図的・計画的な予算計画と適切な執行がなされなくてはなりません。

　教育予算に関わる執行計画は，教育委員会から配当された教育予算全体を把握し，学校長が学校経営の全体像を見据えて各費目の大まかな枠組みを捉え，学校図書館の経営方針をもとに運営に関わる予算計画を教職員全体で共有し合い，予算執行をしていきます。自校の学校図書館が，学校図書館としてのどのような機能の充実を目指していくかということは，蔵書や情報・資料の整備，読書環境としての学びや活動の拠点となる学校図書館の施設・設備の姿に，その学校の学校図書館観が如実に表れてくることは言うまでもありません。

　限られた学校予算の中で，学校図書館の機能の充実や，十分な活用推進を図るためには，何を優先して整備していくかという中長期的な見通しとしてのビジョンが重要となってきます。

学校図書館の評価

　学校図書館の評価は，どのような方法で，またどのような観点で実施したらよいでしょうか。

A　学校の教育活動評価の一環として組織的に実施しましょう。

　学校図書館は学校の教育目標や教育課程の実現のため学校経営の中心に位置付けられ，学校の経営方針に明記されることが大切です。学校図書館の評価も学校の教育活動の評価と切り離して行われるものではなく，学校のカリキュラム・マネジメントの一環として組織的に実施していくことが大切です。

　カリキュラム・マネジメントとは学校の教育活動が最大限の効果を上げるために，①活動の計画を立て（Plan），②計画に沿って実践し（Do），③実践が計画どおりに行われたかを評価し（Check），④評価結果をもとに改善する（Action），の4つのプロセスを経ることでらせん階段のようにしだいに高みを目指していくという考え方です。こうしたサイクルを確立することにより「学校図書館評価を毎年習慣的に実施しているが，やりっぱなしで改善につながらない」といったことも防ぐことができます。

　文部科学省では各学校や設置者が学校評価を行う際の目安となる事項を示した「学校評価ガイドライン」を作成しており，この中には学校図書館に関する項目として「学校図書館の計画的利用や，読書活動の推進に取り組んでいるか。」が挙げられています。このことからも学校図書館評価は単独で実施するのではなく，学校評価の中に位置付けられ，教育課程や学校経営と関連づけて検証されるのが望ましいことが分かります。

　学校図書館の評価の実施にあたっては，学校図書館の運営に日常的に携わっている担当者だけでなく，一般の教職員も広く加えることでユーザーとしての立場からの客観的な評価が得られるだけでなく，学校図書館評価に参加した教職員が学校図書館への理解をさらに深め，よりよき利用者になることも期待できます。

　学校図書館の評価は学校図書館の運営や活動の改善を目的として実施するものであり，評価それ自体が目的ではなく，また学校図書館担当者の能力や資質を評価するために行うものでもありません。

　評価を実施して，目標や計画を達成できなかった項目や，成果が十分に得られなかった項目が明らかになったら，①学校図書館担当者の今後の努力により改善が見込めるもの，②校長をはじめとする教職員の協力を得て今後改善を図るもの，③教育委員会や学校設置者などに働きかけて財政面や人的資源等の支援により改善すべきもの，④計画そのものに無理があるため計画を見直すもの，等に整理し，全教職員に周知して改善につなげていきましょう。

学校図書館の評価

学校図書館の評価にあたっては，どのような基準・指標を用いたらよいでしょうか。

 評価が負担とならないよう，簡便な評価基準・指標を用いましょう。

　学校図書館の評価は学校図書館の運営や活動の課題を明らかにし，改善につなげるための一方法であり，評価それ自体が目的ではありません。評価基準・指標の項目が詳細に過ぎたり，評価方法が煩雑であったりすると，評価が負担となってしまい，継続して実施できなくなることがあります。自館の規模や活動に見合った簡便な評価基準を用いることが肝要です。

　評価基準にはその館独自に評価項目を作成する評価基準と，地域の教育委員会・教育センターや全国規模の学校図書館専門団体等が定めた標準的な評価基準とがあります。

　学校独自に評価基準・指標を定めて学校図書館評価を行うということは，その館が課題としている分野を重点的にチェックできるなど，学校の実情を反映した効果的な評価が期待できますが，評価基準の検討から始めなければならないので負担も大きくなります。

　一方，標準的な評価基準は，どの校種のどの規模の学校にもあてはめられるよう，広範な視点から多岐にわたる評価項目を定めた，いわばレディーメイドの評価基準です。

　地域で定めたものでは静岡県総合教育センターによる「学校図書館チェックリスト」や，市川市教育委員会による「市川市学校図書館チェックリスト」などの例があります。

　全国規模の標準的な評価基準には全国学校図書館協議会が2008年に定めた「学校図書館評価基準」があります。この評価基準は「理念」「経営」「担当者」「メディア」「施設環境」「運営」「サービス」「指導支援」「協力体制」「地域連携」「ボランティア」「連携協力」「委員会」「研修」の14分野からなり，それぞれの評価項目について3段階で評価するようになっています。同会のホームページからもダウンロードでき，「評価シート」に評点を入力すると項目ごとの小計が算出され，「グラフシート」が自動的に作成されるため，大変便利です。

　各館の実情に応じて評価項目を簡略化して実施することもできますし，その年度の重点分野を選んで実施し，3年程度で全ての分野を一巡する，といった方法も考えられます。

　評価基準の各項目の記述は単に基準を満たしているかどうかをチェックするためだけでなく，学校図書館のあるべき姿やめざす方向性を指し示す指針としても活用したいものです。

　この他，「学校図書館図書標準」（文部省　1993年），「学校図書館メディア基準」（全国学校図書館協議会　2000年），「学校図書館施設基準」（全国学校図書館協議会　1990年制定，1999年改訂）等も参考になります。

学校図書館に関する学会・研究会とコンクール

 学校図書館の実践や研究を学んだり発表したりする機会にはどのようなものがありますか。

 学協会の研究大会などに参加したりWeb上から情報入手ができます。

　学校図書館の実践や研究を学んだり発表したりするには，下記のような学会や協会の研究大会などに参加したり，それらの機関誌を購読したり，各種機関・団体が開催する研修会に参加したりするとよいでしょう。自治体の教育委員会や公共図書館，県学校図書館協議会（県SLA）などが主催する研修会もあります。また，各自治体の教育委員会や教育センターなどのサイトに，学校図書館活用の実践例や学習指導案やリンク集など有用な情報があります。

日本学校図書館学会	「学問としての 学校図書館学を構築すること」が目的の一つであり，各種研究活動を行い，毎年9月に研究発表大会を開催する。機関誌は『日本学校図書館学研究』（年刊）。
日本図書館情報学会	「図書館情報学の進歩発展に寄与することを目的とする」学会で，毎年春と秋に研究大会を開催する。学校図書館に関する研究も含まれる。機関紙は『日本図書館情報学会誌』（年4回刊）
全国学校図書館協議会	各県SLAと協力して「学校図書館の充実発展と青少年読書の振興を図るために様々な活動を行って」いる。全国大会と地区大会を隔年で開催，学校図書館実践講座などの研修会を開催。機関紙は『学校図書館』（年12回刊）
日本図書館協会	「人々の読書や情報資料の利用を支援し，文化の進展及び学術の振興に寄与すること」を目的としている。毎年秋に全国大会を開催。部会の一つに学校図書館部会がある。機関紙は『図書館雑誌』（年12回刊）
東京学芸大学	学校司書入門講座，学校司書応用講座を開催している。「先生のための授業に役立つ学校図書館活用データベース」をWeb上に公開し，授業実践や指導案，ワークシート，ブックリストなどの情報を提供している。
日本新聞協会	毎年NIE大会を開催し，NIEの実践者や関心のある人，新聞社のNIE担当者などの交流を図る。「NIE 教育に新聞を」のサイトに「新聞を活用した教育実践データベース」等の情報提供がある。
国際子ども図書館	「国内外の豊富な資料と情報資源を活用し，子どもの本に関わる活動や調査研究を支援」しており，児童文学連続講座等を開催している。HPの「子どもの読書活動推進」の中に学校図書館関連情報も含まれる。
国立国会図書館	Web上に「カレントアウェアネス・ポータル」を提供している。これは図書館界，図書館情報学に関する内外の動向や研究情報を知らせるサイトで，学校図書館のことも含まれる。
国立情報学研究所	日本の論文を探すデータベース「CiNii」をWeb上に提供している。学校図書館に関する記事論文を含めてさまざまな文献を探すことができる。

　上記の他，「学校図書館問題研究会」「学校図書館を考える全国連絡会」「学校図書館教育研究会」「神奈川県学校図書館員研究会」など多くの全国的・地域的な団体・機関があります。なお，表の紹介文は各団体・機関のサイトから引用したり参照したりしたものです。

学校図書館に関する学会・研究会とコンクール

 学校図書館の実践や研究をまとめたものを応募する機会やコンクールはありますか。また助成を受ける機会はありますか。

 全国的にも地域的にもあります。ぜひチャレンジしてください。

　文部科学省はこれまで，読書や学校図書館活用等に関する事業を学校からの応募により実施してきました。2018年度は「学校図書館ガイドラインを踏まえた学校図書館の利活用に係る調査研究事業」を実施しました。今後，どのようなテーマで事業がなされるか，常にアンテナを張っておくことが大切です。また，下記のような機会があります。ぜひチャレンジしてください。なお，紹介文は各団体・機関のサイトから引用したり参照したりしたものです。

学校図書館賞	全国学校図書館協議会主催。運動の部（学校図書館運動の推進），論文の部（学校図書館に関する著作・論文），実践の部（学校図書館の実践活動）の3部に分けて学校図書館の振興に著しい業績を示した個人及び団体を顕彰する。毎年10月～1月に募集。
日本絵本賞読者賞実践校	全国学校図書館協議主催。優れた絵本を顕彰する「日本絵本賞」の候補絵本から読者投票で選ぶ「日本絵本賞読者賞」の実践校を募集する。送付される24冊の「候補絵本」を使って学校・保育所・幼稚園で読書活動を行い，「いちばん大好き」だと思う絵本を1冊，投票する。11月募集締切。
博報賞	博報財団主催。教育現場の地道な努力を顕彰するもので，小・中学生を対象とした教育実践者・団体を推薦募集する。「国語・日本語教育部門」「特別支援教育部門」「教育活性化部門」など5部門に分かれている。4～6月募集
児童教育実践についての研究助成	博報財団主催。「ことばの教育」に関する研究，児童教育実践の質を向上させる研究に対して，日本の大学・研究機関に所属する若手研究者や日本の学校・教育委員会に所属する教育実践に携わる人に研究助成する。7～10月募集。
図書館を使った調べる学習賞コンクール	図書館振興財団主催。公共図書館や学校図書館を使って調べたことをまとめた作品を募集する。「調べる学習部門」（小学生～大人），「調べる学習英語部門」（中・高生），「調べる学習指導・支援部門」がある。地域コンクールがある場合は，そちらに応募する。9～11月募集。
ミツバチの絵本コンクール	山田養蜂場主催。ミツバチをテーマにして「自然環境の大切さ」「社会とのつながり」「生命の尊さ」を表現した作品（絵本）を募集する。ストーリーを募集するストーリー部門と，その最優秀賞に選ばれた作品につけるさし絵を募集するイラスト部門（1月半ば締切）がある。
いっしょに読もう新聞コンクール	日本新聞協会主催。毎年11月の「NIE月間」の主要行事として実施する。家族や友だちと一緒に記事を読み，感想・意見などを書いて記事とともに応募する。
NIE実践指定校	日本新聞協会主催。全国の500以上の小中高校をNIE実践指定校に認定し，一定期間新聞を提供して授業で活用してもらう活動を進めている。その地域で配達される全ての新聞が提供されるので，新聞の読み比べもできる。
大阪こども「本の帯創作コンクール」	大阪読書推進会・朝日新聞大阪本社主催。課題図書部門と自由図書部門があり，入賞作品は大阪府立中央図書館に展示される。全国から応募できる。

実践事例

1　学校図書館の運営

スタートは共通理解を図る全教職員研修
～学校図書館全体計画の活用～

1．研究の始まり

　島根県益田市立高津中学校は県の学校図書館活用教育研究事業の指定を平成28年度に受け，学校として図書館活用教育に取り組んできた。この指定を受ける前は，図書館活用の年間計画や授業活用についての表は作成していたものの，実際に図書館を活用した授業は国語科や社会科など限られた教科だけであった。そこで，まず研究職員会議で図書館活用教育についての研修を行い，全職員での共通理解を図ることから始まった。

2．研究部としての取り組み

（1）スキル体系表の作成

　職員研修を行い研究がスタートしたが，図書館を活用した授業のイメージがなかなか持てない，図書館をどう活用したらよいかがよく分からないといった声もあがった。そこで，研究部会を開き，研究1年目に各教科1回は図書館を活用した授業を行ってもらうために，スキル体系表を作成した（図表1）。他校の事例を参考にしながら，「見つける・知る」「つかむ」「まとめる」「伝え合う」の4つのスキルに分け，教科の特性が生かせるように，スキル体系表の中に「取り組んでほしい教科」という欄を設け，その表を見れば，自分の教科が図書館活用のどのスキルを活用しやすいかが分かるようにした。

（2）実践報告書の作成

　研究1年目に，全教科で1回は図書館を活用した授業を行うことを目標とし，研究を進めた。そして年度末に，実践報告書を提出してもらった。この実践報告書は，「実施学年・教科」「単元名」「学校図書館活用の項目」「どのように活用したか」「実践しての成果・反省など」の5項目を記入する形のものを作成した。実践できなかった場合は，なぜ活用できなかったかを記入することとした。「教科書の内容と図書館を結び付けることができなかった」や「まだ模索中」といった先生方の本音の部分も見られ，研究2年目に向けての改善に役立てた。また，先生方の実践が全体計画作成の参考になった。また，スキル体系表の「取り組んでほしい教科」のところも全体計画に反映させることで，より具体的な全体計画を作成することができたのではないかと感じている。

高津中学校学校情報活用スキル体系表		中学1年	中学2年	中学3年	取り組んでほしい教科
見つける知る	図書館の利用	○図書館オリエンテーション（国語） ○分類、配架の仕組み（国語）	○図書館オリエンテーション（国語）	○図書館オリエンテーション（国語）	国語
	課題の設定	○日常生活の中から課題を設定する（マッピング・絞り込み図などの思考ツールを活用）	○社会生活の中から課題を設定する（マッピング・絞り込み図などの思考ツールを活用）	○社会生活の中から課題を設定する（マッピング・絞り込み図などの思考ツールを活用）	国語・社会
つかむ	情報の収集	○情報の集め方を知る ○竹取物語（国語） ○情報カードや付箋を利用 ○要約する	○多様な方法で情報を集める ○情報カードや付箋を利用 ○鰹節―世界に誇る伝統食（国語）	○取材をしながら情報を集める ○情報カードや付箋を利用	情報カードの使い方（国語） 全教科
	図鑑・辞典・事典・統計資料などの利用	○漢和辞典の使い方 ○ヒストグラムの作成（数） ○英和辞典の使い方 ○シダ植物とコケ植物（理） ○百科事典の使い方 ○世界の気候調べ（社） （目次・索引・奥付の見方）	○英和辞典の使い方	○資料の引用の仕方 ○地球と宇宙（理科） ○四字熟語（国語）	国語・英語・数学 音楽・家庭科・理科
	図・絵・表・写真などの利用	○図表の役割を考えて活用（地図帳・写真・雨温図・地球儀） ○美しい構成と装飾（美）	○気象災害への備え（理科）		数学・美術・理科 社会・保健体育・英語
	新聞や電子メディアなどの利用	○インターネットの利用（技術） ○新聞の誌面構成を知る（総合・社会）	○新聞を書く（総合）	○電子メディアの情報を正しく読み取る（社会） ・メディアの特徴を知り、注意点を認識する	技術・数学 社会・総合
	参考文献・出展・著作権などについて	○参考文献リストの書き方 ○著作権について知る			全教科
まとめる	情報の整理	○情報カード、付箋などを活用 ○集めた情報を分類する	○情報カード、付箋などを活用	○情報カード、付箋などを活用 ○推敲などの編集をする	全教科
	まとめ	○根拠を明確にしてまとめる ・説明文、記録文、案内文、報告文	○事実と意見を明確にしてまとめる ・意見文、手紙	○文章の形態を選ぶ ○論の展開や表現の仕方を考える ・雑誌、批評文	全教科
伝え合う	表現・伝達	○まとめたことを発表する ・スピーチ	○まとめたことを発表する ・プレゼンテーション	○まとめたことを発表する	全教科

図表1　高津中学校学校情報活用スキル体系表

3．全体計画の作成，活用

（1）教科以外での活用

　研究を進める中で，教科特性によっては図書館を活用することが難しいこともあった。そこで，学校図書館が特別活動や総合的な学習の時間などにも関連していることを全体計画に明記した。本校では，実際に次のようなことを行っている。お弁当の日（参観日に生徒が弁当を手作りしてくる活動）に向けて料理に関する本を集めたり，修学旅行の事前指導として調べ学習を行ったり，文化祭ではステージ発表のための調査に活用したりしている。こうした行事やイベントで図書館を活用する場面を設けることで，学校図書館を気軽に利用するという環境が整った。

（2）司書教諭からの働きかけ

　全体計画の中に各教科が取り組んでほしい項目を明記し，それに加え司書教諭からの働きかけも積極的に行った。「図書館連絡ノート」を司書教諭の机上に置いておき，いつでも誰でも記入できるようにした。「いつの時期に，この単元の授業を行いたい」や「理科，気象災害について調べ，レポートを作成する」「美術で浮世絵を扱いたい」「修学旅行の事前学習に用意してほしい」などのメモを

書き，それを司書教諭が見て，記入した先生方に授業の持ち方などを提案した。
(3) 授業の実践

　学校図書館活用教育研究事業の指定を受けたことで，年に2回の公開授業を行った。1年目は社会と国語，2年目は理科と英語で図書館を活用した授業を公開した。社会と国語に関しては「つかむ」に重点を置き，図書館を使って調べる授業を公開した。2年目は「課題設定」に重点を置き，図書館を活用した授業を考えた。この公開授業の他にも，多くの教科で図書館を活用した授業を展開した。全体計画に基づいて以下のような授業を本校では行った（この他にも，年間を通して，図書の利用あり）。

教科	図書館活用の項目	単元名
国語	見つける・つかむ・まとめ	「竹取物語」の謎にせまろう
	つかむ	四字熟語
	見つける・つかむ・まとめ	日本文化のミニ雑誌を作ろう
	つかむ・まとめる・伝え合う	高津中学校校歌を分かりやすく書き換えよう
数学	つかむ	資料の分析と活用
理科	つかむ・まとめる・伝え合う	地球と宇宙
	つかむ・まとめる	気象災害への備え
	つかむ	種子をつくらない植物
社会	つかむ	世界の気候調べ
	まとめる	中世の日本
英語	つかむ・まとめる・伝え合う	Rakugo in English
美術	つかむ	美しい構成と装飾～マリメッコに挑戦～
	つかむ	心に響く形や色彩～テーブルウェアの装飾デザイン～
	つかむ	冨嶽三十六景観光ガイドを作ろう
保健	つかむ	健康な生活と病気の予防
音楽	つかむ・伝え合う	日本の民謡に親しみ，その良さを味わおう
総合	つかむ	識字・夜間中学校から学ぶこと～修学旅行事前学習～

図表2　学校図書館を活用した授業例（一部）

4．今後の課題

　本校では，学校図書館活用教育研究事業の指定は終わったが，学校図書館全体計画はそのまま継続している。しかし，人事異動で，学校司書や司書教諭が変わったこともあり，なかなか全体計画のように学校図書館を学校全体で利用することが難しい現状も出てきている。今後，全体計画の見直しも必要であると感じている。また，新学習指導要領の「主体的・対話的で深い学び」は学校図書館活用で培われる力でもあると考えられることから，職員研修等を通して，学校図書館活用を広めていきたいと考えている。

図書館活用の授業の実践

平成30年度　高津中学校　学校図書館教育全体計画

教育関係法規
○日本国憲法 ○教育基本法 ○学校教育法 ○学習指導要領 　など

学校教育目標
自ら学び、心身ともに健康でたくましく生きる人間性豊かな生徒の育成をめざす。

○生徒の実態 ○保護者、地域の要請 ○教師の願い

めざす生徒像
（1）よく学ぶ生徒
（自ら学び、自ら考え、ともに磨き合う生徒）
（2）思いやりのある生徒
（礼儀正しく、他への思いやりのある生徒）
（3）たくましい生徒
（目標をもち、最後までねばり強く取り組む生徒）

研究主題
互いを認め合い、ともに向上していこうとする生徒の育成

各教科
教科担任、司書教諭、学校司書が連携を図りながら、各教科の目標において、図書館を活用した授業を取り入れ、学力向上、情報活用能力の育成を図る。

国語	図書館オリエンテーションを実施。情報カードなどスキルの育成。辞典、図書、資料の利用。
社会	図書、資料の利用。図や表、新聞、メディアの利用。
数学	図書、資料の利用。統計資料、電子メディアなどの利用。
理科	図書、資料の利用。図鑑、表、図、絵、写真などの利用。
音楽	図書、資料の利用。図鑑、表、図、絵、写真などの利用。
美術	図書、資料の利用。図鑑、表、図、絵、写真などの利用。
技家	図書、資料の利用。電子メディア、著作権などの情報教育。
保体	図書、資料の利用。図鑑、表、図、絵、写真などの利用。
英語	辞典、図書、資料の利用。図鑑、表、図、絵、写真などの利用。

研究の重点
（1）互いに認め合う学び合い学習の推進
（2）人権や人権課題についての科学的認識を深め、人権感覚を培う授業の実践
（3）互いの違いに気付き、それらを受け入れる態度を育む系統的な交流活動
（4）人権意識を高める教職員研修の充実
（5）学校・家庭・地域・関係機関等が連携した教育活動の推進

学校図書館教育指導の重点目標
・読書活動を通して豊かな心を育てる。
・情報を集め、活用する学習を通して、自ら課題を解決し、自ら学ぶ力を育てる。

各学年の重点目標

1年生	2年生	3年生
・図書館の利用の仕方を知り、積極的に調べ学習をしようとする態度を育てる。 ・朝読書の習慣を身に付けさせる。	・学校図書館を活用し、効果的な調べ学習の仕方を身に付けさせる。 ・読書を通して、読書の幅を広げようとする態度を育てる。	・学校図書館を活用することで、課題を解決し、自ら学ぶ力を育てる。 ・読書を通して視野を広くもち、考えを深めようとする態度を育てる。

読書活動
・「朝読書」の定着を通して、読書意欲の向上を図る。
・図書館オリエンテーションや文化祭でのステージ発表を通して、図書館を知り、親しむ。

地域・家庭との連携
・「図書館だより」や校長通信の発行により、学校図書館に関する情報を発信する。
・地域ボランティアによる読み語りを実施し、読書啓発活動を行う。
・公共図書館との連携を図る。

特別活動
・委員会による図書館利用の呼びかけを通し、読書意欲を高める。

図書の利用。

道徳
・様々な資料を活用し、豊かな心や互いに認め合う態度を育てる。

図書、資料、写真、図、絵などの利用。

総合的な学習の時間
・学校図書館の活用を通し、課題の解決に取り組む力や、調べたことを伝え合う力を育てる。

図書、資料、写真、図、図鑑などの利用。

図表3　平成30年度高津中学校学校図書館教育全体計画

2 学校図書館の運営 　　　　　　　　　　　　　小学 中学 高校 特支 公共 教委

協働意識を向上させる学校図書館経営案作成
~学校図書館経営案の作成~

1．作成の経緯

　島根県安来市立母里小学校では，平成25年度から県の司書教諭サポート事業や学校図書館活用教育研究事業の指定を受け，学校図書館を活用した授業実践に取り組んできた。時間割上に「図書の時間」を位置付け，学校全体で計画的に指導できるような体制を整えている。当初は司書教諭が中心となって授業を進めていたが，実践の積み重ねによって，担任が日々の授業の中でも積極的に学校図書館を活用するようになってきた。学習に関する資料の整備も進み，担任と司書教諭，学校司書がそれぞれの専門性を生かして，より効果的な指導ができるように連携を図っている。

　また，平成29年度に島根県学校図書館研究大会が本校を会場に開かれたことから，教職員の協働意識を高めるために，これまでの取り組みを基盤にして学校図書館経営案を作成した。学校図書館の運営方針や具体的な取り組みを文章に起こし，全教職員が全体像を把握できるようにした。特に学校図書館を活用した授業については，どのように司書教諭や学校司書と連携するのか，どんなことを依頼できるのか分かるように記した。作成にあたっては，司書教諭と学校司書が起案したものを研究部で検討し，職員会議で提示した。研究部との連携を図ることで，授業づくりやその基盤となる環境づくりとの関連を考えて取り組むことができた。

2．活用の実際

　学校図書館経営案は，年度当初に図書館部で見直しを図り，全体計画や運営計画とともに職員会議で起案するようにしてきた。そして，教職員へのオリエンテーションとして活用している。毎年，メンバーの入れ替わりがあることから，全教職員で共通認識を持って指導にあたるためには必要なことと考える。また，オリエンテーションに合わせて，本の貸し出し・返却等の操作について講習を行い，担当以外でも授業の際に利用できるようにした。

　特に学校図書館を活用した授業については，週1回「図書の時間」を設け，読書指導や学び方の指導を計画的・系統的に進めていきたいと考えた。そこで，月初めに担任が年間指導計画をもとに学校図書館を活用した授業について計画を立

て，予定表を司書教諭に提出するようにした。そこには，教科・単元名，必要な支援や資料が書かれており，それをもとに担任と司書教諭，学校司書が授業の打ち合わせや準備を行った。ときには，司書教諭の方から指導してほしい内容や支援できることを事前に書き込んで渡すこともあった。このような仕組みをつくることで，担任は見通しを持って計画的に授業を進めることができた。また，必要に応じて司書教諭がTTで指導に入ったり，学校司書が余裕を持って資料の収集にあたったりすることができた。

また，学校図書館を活用した授業を積み上げ，継続していくために，月々の予定表や授業で使った指導案，ワークシートなどは学年ごとにファイリングしている。学習に関する資料を整備したことで，誰が担任になっても４月からすぐに授業に取り組めるようになった。さらに，オリエンテーションの際には，この「図書ファイル」を渡すとともに昨年度の児童が作成した成果物を確認してもらうことで，学習のゴールがイメージできるようにした。

このような取り組みによって，担任と司書教諭，学校司書の連携が図られ，図書館を活用した授業がより充実したものとなった。それが児童の図書館利用や情報活用能力の育成につながっていくものと考える。

５　年生

１０月　図書の時間　学習予定

	学習予定	備考
第１週 ４日（木）④	国語「手塚治虫」 ・手塚治虫の生き方についてヒントブックにまとめる。	個別支援
第２週 １１日（木）④	国語「手塚治虫」 ・手塚治虫の生き方について紹介し合う。	グループ支援
第３週 １８日（木）④	国語「手塚治虫」 ・自分が選んだ人物の生き方について紹介し合い，考えをまとめる。	
第４週 ２５日（木）④	国語「注文の多い料理店」 ・宮沢賢治の紹介	資料 ・宮沢賢治の作品
第５週 　日（木）④		

<参考>

図表１　「図書の時間」学習予定表

POINT!

○学校図書館の運営方針や具体的な取り組みについて全体像が把握できるようにし，オリエンテーションを通して全教職員の共通理解を図った。

○学校図書館を活用した授業について，年間指導計画や学び方の指導内容体系表を作成するとともに，それを計画的に進めていくための連携システムを整えた。また，学習に関する資料を保存し，授業づくりに生かせるようにした。

平成30年度　学校図書館経営案　　　安来市立母里小学校

1　学校図書館教育の目標　　＜資料＞　学校図書館教育全体計画

> **（1）　読書センターとして**
> 　○子どもの読書活動を支援し、読書の喜びや楽しさを味わわせることによって、望ましい読書習慣を身につけるとともに、豊かな心情を育てる。
> **（2）　学習・情報センターとして**
> 　○学校図書館の活用を通して、必要な情報を収集・選択・活用することができる能力を身につけ、自ら課題を解決しようとする主体的な力を育てる。

2　図書館教育の具体的取組　　＜資料＞　学校図書館運営計画
（1）環境の整備
　①図書の購入と整備、廃棄
　　・授業に使う必要度の高い本や基本図書など、優先順位を相談して決定する。
　　・本の修理、廃棄を行う。
　②くつろぎの空間づくり
　　・テーマ展示や季節による掲示を工夫する。
　　・本のある空間を増やす。（昇降口、職員室前、図書館前）
　③資料整備
　　・学習に関する資料（図書資料、パンフレット資料、学習成果物）の収集・整理を行う。
　　・学習に使った図書資料をリスト化する。
　　・授業の実践記録をファイリングする。
　＊各学級の「図書の時間」ファイルに、学習の流れ（指導案）やワークシートを綴じておく。
　④新聞の活用
　　・「毎日小学生新聞」「朝日小学生新聞」「さんいん学聞」を活用する。
　　・職員室前に展示する。（1週間）
　　・調べ学習などに使える記事については、スクラップしてファイル資料とする。
（2）読書活動の充実
　①全校朝読書（水曜日、金曜日）
　　・職員朝礼がない日は担任も一緒に読書に取り組む。
　②読み聞かせ〔ほんわかタイム〕
　　・月1回程度　水曜日　8：20～8：35（低・中・高学年別）
　　・担任も一緒に聞く。
　　・あいさつ、感想発表をする。
　③読書イベントの開催
　　・教職員による読み聞かせ〔もりもりブックタイム〕（6月、2月）
　　・読書集会（10月～11月）
　　・アニマシオン、教職員による本の紹介（低・中・高学年別）
　　・読書郵便
　　　　－5・6年生は伯太町内の友達へ（11～12月）
　　　　－1～4年生は保護者へ（1～2月）
　④委員会による読書活動
　　・もりっこ図書館キャラクターの募集（4月）
　　・もりっこ絵本大賞の決定（2月）
　　・読書ビンゴ、読書クイズなど
　⑤読み聞かせ交流
　　・6年生が1年生へ（4～5月）
（3）図書館を活用した授業の実施
【図書の時間の設定】
　○各学級、時間割上に「図書の時間」（週1時間）を設定する。
　　・月初めに担任が図書館を活用した授業について計画を立て、予定表を司書教諭に提出する。
　　・授業の内容（指導案など）は昨年度までのものを参考にし、司書教諭と相談する。
　　・授業に必要な図書資料は予定表で知らせる。準備が必要なものは早めに知らせる。
　　・児童に図書ファイルをもたせ、図書の時間に使った資料を綴じていく。
　　　（ワークシート、スキルカードなど）
【読書指導】
　①ブックトーク（本の紹介）、並行読書

・国語科、社会科、総合的な学習の時間など、単元に合わせて行う。学習への動機づけや調べ学習、発展的な読書活動に活用する。
②アニマシオン
・国語科などの単元に合わせて行う。
③必読図書の奨励
・各学年、必読図書３０冊の完読をめざす。
・15冊達成カードや完読賞などで励みとなるようにする。
④読書指導、読書の記録
・読書生活について学期初めに目標を立てたり、学期末に振り返りをしたりする。
・低学年120冊、中学年100冊、高学年80冊以上読むことをめざす。
・必読図書については必ず読書記録をつける。（書名、作者、一言感想）
⑤読書感想文、読書感想画の取組
・書き方を指導することで、読書感想文に対する抵抗をなくし、確かな読みの力をつける。
・読書感想画の本のレファレンスを行う。

【学び方の指導】
①利用指導
・各学級、年度初めに図書館オリエンテーションを行う。
②情報活用能力の育成
・学び方の指導内容体系表や図書館活用学習年間計画を参考にしながら、系統的な指導を行う。
・図書の時間を活用して、授業を行う。
・各コンクールに挑戦する。（「図書館で調べる学習コンクール」、「しまねけんプレゼンテーションコンクール」「新聞コンクール」）。
＊国語科の単元や社会科・総合的な学習の時間の調べ学習に合わせて行いたい。
③新聞の活用
・常時活動や国語科の単元に合わせて取り入れる。

３　図書館の利用について
（１）図書館の利用
・　学級担任、授業担当者と随時
（２）本の貸し出し、返却
・時間　　朝、業間休み、昼休み（図書委員、学校司書による）
・冊数　　一人２冊（夏休み、冬休みは５冊程度）
・期間　　一週間以内
・借り方　①本を選ぶ。
　　　　　②カウンターで「本を借ります。」「○年、□□□□（名前）です。」と言って、バーコードを見せる。
　　　　　③本を受け取り、持ち帰る。（絵本バッグを利用する。）
・返し方　①「本を返します。」と言って、バーコードを見せる。
　　　　　②本を受け取り、自分で棚へ返却する。（１年生についてはカウンターに置く。）

４　連携について
（１）図書館だよりの発行
・図書館を活用した授業の様子や読書活動の紹介
（２）授業参観や懇談会の活用
・図書館を活用した授業の公開
・家庭読書の呼びかけ（生活リズムづくり週間、読書郵便）
（３）はくた図書館（安来市立図書館）、他校図書館との連携
・ほんわかタイムでの読み聞かせ
・図書資料の相互貸し出し
・授業についての情報交換
（４）学校図書館支援センターとの連携
・図書館整備
・学校司書研修
（５）他校との連携（Ｅネット）
・研究授業への参加

図表２　平成３０年度 安来市立母里小学校学校図書館経営案

③ 学校図書館の運営／学校図書館と教育委員会

小学 中学 高校 特支 公共 教委

情報活用能力を可視化する学び方指導体系表
～学び方指導体系表の作成と活用～

1．学び方指導体系表を活用する目的

　これからの社会を生きる児童生徒に「思考力・判断力・表現力」を育むには，人間性を涵養したり情報を得たりする「読む力」や探究的な学習を通して「情報を使う力」（情報活用能力）を育てることが重要である。それには，小中学校が全校で教科横断的に「習得・活用・探究」段階の学習を意図的に取り組み，連携を図り，螺旋状に積み上げながら指導するという共通理解を図ることが必要だ。

　「学び方指導体系表」（以下，体系表）は，学習指導の中で情報活用能力を育てていく際の拠り所として指導事項を体系的に「見える化」した表である。

　この一覧表を共有することによって，教職員は小中一貫教育の視点を持ちつつ，児童生徒の成長や実態に合わせた指導を共に考えることができる。こうした連携や協働によって情報活用能力を育てることが，体系表を活用する目的である。

2．体系表ができるまで

　松江市の体系表は，2012年版を初版とし2016年版が現行である。

　初版の作成は，2011年に学校図書館担当者の「言語活動の充実を図る授業や探究的な学習を行うにあたり，児童生徒につけたい情報活用スキルを示した共通の拠り所がほしい」との声を受けて始まった。学校図書館支援センター（以下，支援センター）で司書教諭を招集して各教科の採択教科書から指導に適切な箇所をピックアップする作業会を開き，その後，全国学校図書館協議会作成の「情報・メディアを活用する学び方の指導体系表」（2004年）や市の中学校区や単校で独自に作成されていた体系表を参考に推敲し公表した。活用が広まるにつれて「校内で共通理解を図ることが難しい」「学年毎の指導事項がもっとあるのではないか」「中学校部分の指導事項がおおまかであり小学校からの積み上げが途絶えていないか」等の意見を得たことを受け，教科書採択の時期に合わせて改訂することにした。2016年版の改訂作業は，次のとおりである。

　①体系表改善提案シートを配付して各校から意見を募集
　②授業研究会や学校図書館担当者会で意見の聞き取り
　③全教科の新規採択教科書をもとに支援センターで原案作成
　④検討会の開催：大学教員，小中学校の図書館担当代表（管理職，司書教諭，

図表1　学び方指導体系表（現行版：2016年〜）の一部

学校司書），支援センター（指導主事，教育指導講師，支援スタッフ）
⑤支援センターが4月に行う学校図書館運営説明会にて公表（図表1）

3．体系表の見方と特徴

　体系表は，小中一貫の視点を持つ一覧表である。低学年担任は積み上げていく学びの見通しを持つことができ，高学年担任や中学校教員は既習事項を確認して指導の重複を避けることで児童生徒の活動時間を増やすことができる。

　構　　　成：縦軸は図書館の利用指導と探究的な学習のプロセス，横軸は小学校1年生から中学校3年生までの発達段階を学年別に示した。

　記　　　号：縦軸の探究的な学習のプロセスにアルファベット，横軸の学年に1から9までの数字を付し，セルを記号で示すことができるようにした。例えば，「要約する」は，「情報の取り出し」のJと3年生の「3」で，「J－3：要約」と表す。

　用　　　語：採択教科書の文言を用いた。指導事項に「○」，内容に「・」，言語活動の例示に「＊」を付して区別した。

　初 出 事 項：小中学校の採択教科書での初出事項を，学年毎に記載した。

　単元関連表：体系表とは別のシートに学年別に作成した。具体的にどの教科のどの単元において指導の機会があるのか，指導項目のセル毎に指導可能な各教科の単元名を例示した。（図表2）

平成２８年度版　「学び方指導体系表」と単元関連表

高学年			5年 学び方指導体系表	単元例 5年学習活動例	6年 学び方指導体系表	単元例 6年学習活動例
A	知る	図書館の利用			○地域の図書館、歴史資料館、郷土資料館、科学館、美術館等を活用する ・コンピューター検索　p24	社：p132 社：歴史学習の基本 p6 国「図書館へ行こう」p24
B		分類・配架	○日本十進分類法（ＮＤＣ）を知る ・請求記号の見方を知る	国「図書館へ行こう」p23	○類を覚える（０～９類）	国「図書館へ行こう」
C	見つける	課題の設定	○学習計画を立てる ○連想から発想を	国「一つの言葉」 国「和の文化を受けつぐ」	○学習計画を立てる ○連想から発想を	国「町の幸福論」 国「ずい筆を書こう」

図表２　単元関連表（高学年用）

４．体系表の活用の実際

支援センターでは，体系表が授業実践や授業改善につながるよう，学校訪問時に指導主事が体系表を用いて指導を行うこともある。また，市立小・中・義務教育学校の「校務グループウエア」（教育委員会のイントラネット）に体系表や単元関連表を提供し，各校の活用目的に合わせて自由に加工して利用ができるようにした。具体的な活用の事例として次のようなものがある。

（１）年間指導計画に反映

体系表をもとにした年間指導計画の作成について，相談会を開催したり，学校訪問時に啓発したりしている。年間指導計画には単元名に加えて体系表の文言あるいは記号を記入し，どの単元でどのような情報活用スキルを育てていくのかを確認できるようにしている。（図表３，図表４）

（２）指導案に明記

学校図書館活用教育として実践する教科等の指導案には，単元目標の次に「単元に関わる情報活用スキル」，本時目標の次に「本時に関わる情報活用スキル」の明記を市内で共通のルールとし，授業後には協議の視点として話し合うことで，指導者が汎用的な力を育てていくことへの共通認識を持つようにしている。

学校図書館活用教育年間指導計画（4年）

月		国語 「言語活動」		活用したい 情報活用能力	図書館支援内容
6	○	メモの取り方を工夫して聞こう 「工夫して見学メモを取ろう」	E	メモの取り方を工夫する ・かじょう書き ・話の組み立て	メモの取り方の説明 個別支援
	○	みんなで新聞を作ろう 「グループで見学新聞を書こう」	C H L M	調べることを決める わりつけや見出しを知る 目的と形式を考えて書く 意見交換をする	全体でマッピング 新聞のしくみの説明
7	○	「ことわざブック」を作ろう 「ことわざブックを作ろう」	J	ワークシートに書く	ことわざの図書資料 準備

A小＊体系表から転記し、単元に関わる情報活用能力を明示
→言語活動、情報活用スキル、図書館担当からの可能な支援がわかる

図表３　年間指導計画（Ａ小）

	３　年　生	
5月	国　語	他の教科等 （社、理、総合、学活等）
	・話したいなうれしかったこと【J】【M】	＊おすすめの本の紹介
6月	・「ゆうすげ村の小さな旅館」 ・インタビューをしてメモをとろう【E】 ・調べて書こう、わたしのレポート【C】【E】【L】	[総合] 松江のグルメを紹介しよう」 【C】【E】【F】【H】【I】【J】【H】【L】

B小　＊教科横断的に単元に関わる情報活用能を明示
→国語でスキル習得→総合で活用・探究に連動している

図表４　年間指導計画（Ｂ小）

（3）色付けして共有

　授業研究の際に，関わった情報活用スキルを体系表のセルに色付けして示し，体系表の縦軸と横軸をたどりながら小中一貫の積み重ねの中で，プロセスのどの位置やどの発達段階にある実践なのかを確認している。また，指導改善の参考とするため児童生徒の情報活用スキルに関する意識調査を支援センターが学校図書館活用教育の指定校と協力校を対象に実施している。結果集計表と併せ色付けした体系表を見ることで，児童生徒が「分からない」と答えた項目に注目して今後の指導への対策を図ることができる。（図表5）

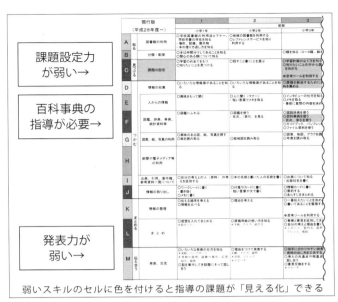

図表5　情報活用能力調査の結果（C小）

（4）各校での工夫

　年度初めに開かれる職員会議で，司書教諭による取り出し授業を行う情報活用スキルのセルに色付けした体系表を提示する。司書教諭が積極的に授業支援を行う情報活用スキル（図鑑や百科事典あるいは情報カードの書き方等）を「見える化」することで，色のない部分は各担任が指導することが確認できる。また，年度末には，担任が指導を終えた情報活用スキルの点検を行った後，司書教諭が体系表のセルに色付けをしたものを準備することで，不足した指導を次年度に引き継ぐこともできる。

5．体系表活用の成果と課題

　体系表の作成にあたり，学校図書館の担当者と共に検討したことが各校での啓発や活用，あるいは授業実践に広がった。全国学力・学習状況調査の児童生徒質問紙において，「総合的な学習の時間に，探究的な学習過程のある学習を行った」という肯定的な回答が年々増えている（平成26年度と29年度の比較で，小6と中3共に17ポイント以上増）。

　また，同様の結果が島根県の実施する教員対象の意識調査からも得られた。

　体系表を色付けして活用する方法は，情報活用能力を意識した授業実践に経験

	1	2	3	4	5	6	7
	\multicolumn{4}{c}{前期}	\multicolumn{2}{c}{中期}	
	小学1年	小学2年	小学3年	小学4年	小学5年	小学6年	中学1年
	○自分の考えと他の人（資料）の考えを区別する	○本の名前と書いた人の名前を書く ・出版社名を書く	○出典について知る	○引用の仕方を知る	○参考資料一覧を知る ○奥付を見る	○著作権を知る	・コピー、出典、アドレス、著作権、引用 ・本に関する基本情報
	○ワークシートに書く ・書き抜く ○メモに書く	○付箋やカードに書く ・短い言葉や文で書く	○情報カードに書く ○要約する ○あらすじをまとめる	○箇条書きをする ○引用する	○要旨をとらえる		○カードや付箋に書き出す ○要約する ○要旨をとらえる
	○伝える順序を考える ○情報を比べる	○理由を考える	○一番伝えたいことを決める ○書いてあることを整理する ○思考ツールを利用する	○まとまりをとらえる ・推敲する ・関係づけて読む	○情報カードを活用する ・取捨選択、順序、構成を考える ・適切な事例や資料をあげる	○複数の情報を効果的に活用する ○項目ごとに整理する	○情報カードを活用する ○構成メモを作る ○根拠を明確にする ○内容や構成、順序を工夫する ○思考ツールを利用する
	○感想を入れてまとめる ＊絵カード	○原稿用紙の使い方を知る ○自分の考えと理由を書く ＊手紙、クイズ、紹介文	○事実と意見を区別してまとめる ○自分の考えと理由を書く ＊レポート、案内文、説明文、リーフレット、地図	○目的と形式を考えて書く ＊新聞、ブック、意見文、手紙、ポスター、ホームページ	○目的に合わせた方法を選んでまとめる ○目的に合わせて事実と考えや感想を区別してまとめる ＊感想文、報告文、依頼文 ＊農業ごみ、関係図	○自分の考えを持つ ○投書、随筆	○著作権に留意する ○推敲をする ○原稿用紙の使い方を身につける ＊記録、案内、鑑賞、通信、読書感想文 ＊レポート、スピーチメモ、ポスター ＊プレゼンテーションソフト
	○いろいろな発表の仕方を知る ＊実物、ペープサート ＊事物の説明、経験の報告、応答、紹介、感想 ○話を集中して聞き話題にそって話し合う	○理由をつけて発表する発表をする ＊劇、クイズ、説明 ＊写真、フリップ	○相手に分かりやすい発表をする ・資料の出し方を工夫する ○考えの共通点や相違点を考えて話し合う ○意見交換をする	○役わりを考えて話し合う ＊案内	○要旨を意識する ○考えを正しく聞き取る ○資料を活用して説明する ＊ポスターセッション、討論、助言、提案、推薦、読書会 ○立場や意図をはっきりさせて計画的に話し合う	○発言の意図を明確にする ○意見と理由とのつながりを聞く ○問題を解決するために話し合う ＊プレゼンテーション ＊外部の人へ発表会	○反応を確かめ、言い換え、付け足しをする ○わかりやすい発表や説明をする ○話題や方向を考えて話し合う ＊スピーチ、グループ・ディスカッション、ポスターセッション

☞ 校内研修でのワークショップ（フリップを作ってプレゼン）に関わったスキルに色付け

図表6　本日の研修に関わる情報活用能力（D中）

の浅い教員を共通理解に導くことができた。図表6は，ある中学校でワークショップを行った際に作成した体系表である。この研修に参加した教員から「小学校でこのような学習を経験してきているなら，中学校でプレゼンに取り組むことは難しくない」と，小中一貫で取り組むメリットに気付いた発言を聞くことができた。

　体系表の改訂は，学習指導要領改訂や採択教科書に合わせ，また，予算や学校での指導状況を見ながら，改訂を行っていく必要がある。教職員にとって，分かりやすい提案や取り組みやすい授業改善に役立つよう，活用を通じてさらなる工夫を見出していきたい。

POINT!　【体系表で　見通しを持ち，積み上げていく指導を　みんなで】

体系表の最大のメリットは「共有できる」こと。体系表[※]を，指導案の作成時，授業研究会等で使ってみると，学び方の指導への理解が広がるはず。校内で活用する機会を作ることから始めてほしい。さらに，地域共通の体系表があれば，小中一貫の視点を持った取り組みにも役立つ。

※松江市の学び方指導体系表は堀川照代著（2018）『「学校図書館ガイドライン」活用ハンドブック解説編』悠光堂 p.134, 135 参照
　HP：松江市＞学校図書館活用教育

④ 学校図書館の利活用／学校図書館における図書館資料

図書館とICTを活用した理科の授業づくり
～学校図書館を使った授業事例（中学校）～

1．本校の図書館

　滋賀県長浜市立木之本中学校では，2014年8月の図書館改造事業「図書館ビフォーアフター」を実施し，図書館の整備を行った。2015年には，学校司書が配置され，授業の中で図書館を活用する方法の研究を行った。さらに，「学校司書の資格・養成の在り方や資質能力の向上に関する研究調査」（文部科学省委託事業）の指定を受け，学校司書と連携し図書館を活用する授業研究にも取り組み，この研究の中で，ICTを「きっかけ」とする理科の授業実践をもとにし，図書館改造から新たな学校図書館の利用に至るまでの取り組みと，図書館を活用した新しい授業づくりの方法について研究成果を得ている。

2．授業づくり

　図書館での授業づくりでは，単元の設定とどの段階で図書館を利用するかの計画が大切である。理科では教室と野外フィールド，理科室，図書館とそれぞれに役割があり，その役割を十分に発揮できる授業を設定しなければならない。学校司書と教師の連携も求められる。授業者は，授業に沿った本が揃っているのか，学習レベルに応じた文章や絵と写真があるか，図書と図書のつながりと意図が学校司書に伝わっているか確認することが大切である。学校司書は，どういった本が必要で本の使い方と，教科専門性を理解できるよう授業者に意図を示してほしいと感じている。このように連携をとるために，図表1に示すような連携シートを用いている。また，

図表1　授業支援打ち合わせ記入票

「情報カード」を用いて生徒の必要とした本と活用頻度の高い本のデータを残し，使用した図書を評価することで資料の充実の基礎となり，成長し進化する図書館とした。

3．ICT機器を用いた授業展開例

ICT機器を用いた授業実践を2つ挙げる。

（1）中学校理科　第3学年
　単元名：「地球と宇宙」
　章：地球とその外側の世界

①授業展開

　この授業では「太陽系移住計画」と題した調べ学習とプレゼンテーションを行った。調べる惑星を2つ決定し（カードを引く），図書を利用して調べる。移住先の候補となった惑星についてチームで模造紙に内容をまとめる。発表の準備をして各チームでまとめた内容をプレゼンテーションする学習である。

②ICT機器導入

　1つ目に，図書館内にホワイトボードを設置し，電子黒板機能付きプロジェクターを設置した。これらの機器は調べ学習とチームの議論の時間を確保するために，導入部分で用い，短時間に本時のめあてを理解できるように工夫した。また終末のプレゼンテーションの場面では，調べた内容を全員に素早く共有するためにも大いに役立った。また調べ学習の残り時間をタイマー表示し授業時間の有効活用を図った。

　2つ目に，3次元のプロジェクションマッピングソフト（Dagik Earth：ダジックアース）を用いて図書館内の半円形スクリーンに惑星の画像を投影した。Dagik Earthは文部科学省の宇宙利用促進調整委託費と宇宙科学技術推進調整委託費によって，京都大学大学院理学研究科の地球科学輻合部可視化グループが中心となって開発したものである。導入時に図書館のスクリーンに浮かび上がらせた惑星は生徒に「没入感」を与え，これから始まる授業への気持ちを高めた。また，Dagik Earthは生徒のプレゼンテーションの説明時にも活躍した。

③生徒の学習についての振り返り

　導入の太陽系移住計画の説明で，電子黒板型プロジェクターで提示した内容に生徒は大変高い関心を示した。現在計画されている火星の地表への移住風景と，Dagik Earthによる火星の全体像という，2つの視点で火星と地球の比較を行っていた。また，本時の目的である，移住先の惑星を探す作業の意味を理解し，どういった情報を収集しなければならないのかを理解していたと考える。惑星カー

ドは，地盤を持つ地球型惑星とガスの集まりで形成される木星型惑星の2種類を1枚ずつ引かせることで，班内での役割分担が明確で，図を用いたまとめの作業でも一つの図書に集中することなく，全員でそれぞれの要素を調べられた。限られた時間の中で引用した図書の情報をまとめる「情報カード」を一人で5枚書いているような生徒もいた。提出枚数は指定していないが，最低でも生徒につき1枚は提出していた。情報カードには引用した図書の内容を書く欄が設けてあり，初期の授業では図書の内容の丸写しでぎっしりと書かれたものが多かったが，本時では要約をして必要な情報や，読み解いた内容から作成した図など多く見られた。PCを用いた調べ学習ではコピーアンドペーストを避けることが非常に難しいが，目的が明確で限られた時間の中で図書を読み解くと，自然と要約作業を行うことができていた。図書を用いたことによって，学習に苦手意識を持つ生徒と，そうでない生徒がそれぞれにポスター制作に役割を持っていた場面があった。例えば，文章や図を用いて説明が必要な場面を担当する生徒と，図書にある惑星の写真・図からスケッチをしながらクレーターの位置を記録している生徒など個々に応じた学習を自ら選択して行っていた。

　まとめのポスターセッションの場面では，調べる場面での役割分担が明確になっているためにスムーズに発表が行えた。明確に調べる内容を把握し，チームで協力してまとめたポスターは短い時間の発表でも的を射たプレゼンテーションができていた。

（2）中学校理科　第2学年
　単元名：「科学変化と原子・分子」
　　　　ファラデー著『ロウソクの科学』
　　　　平成30年度全国学力・学習状況調査問題を利用した図書館授業

①授業展開
　ファラデー著『ロウソクの科学』の朗読からクリスマス公演の様子を再現し，ロウソクの炎とプロパンガスのガスバーナーの炎の色とを対比させる。ガスバーナーの炎が青色（酸素が十分にある）のときにはつかないススが，炎の色が黄色いとき（不完全燃焼時）に発生することから燃焼時に発生する気体を探る授業である。完全に燃焼しているときは二酸化炭素で，不完全燃焼時は一酸化炭素が発生している。

②ICT機器導入
　図書館では実験することができない。実験はガスバーナーの炎の色と金網につく黒色の物質（炭素）の事実の確認である。限られた授業時間を有効活用するために，またその変化を印象付けるために事前に実験をタブレット端末で収録し，

モニターで生徒に確認をさせる。またプレゼンテーション時は生徒のまとめたものを拡大して中央のスクリーンに映し素早く共有した。

③生徒の学習についての振り返り

　本授業では，理科室の実験では確認の難しい不完全燃焼時の一酸化炭素に照準を合わせたものである。黄色のガスバーナーの炎の時に発生する炭素を生徒は確認している。生徒は図書を用いプロパンガスや炭素といったすでに得ている情報からその化学式や構造式・粒子モデルを探し出す。既習事項の化学反応式を用いてその燃焼を探り，完全燃焼時の化学反応をまとめていく。しかし，この反応の中で炭素の発生がないことに気付き，モニターに映されている映像を改めて確認する。このあたりから，炭素の発生の原因を探りたいという目的に没頭し始めた。調べていくうちに，プロパンガスと不完全燃焼というキーワードの記述に目が止まり，本棚から「不完全燃焼」についての本が選び出される。不完全燃焼の説明の中に酸素の少ない状態での燃焼に一酸化炭素の発生があることを知り，驚きの声が上がった。先に調べた完全燃焼の原子・分子のモデルと化学反応式と比較をさせてまとめを行い，さらに暮らしの中でガス給湯器の事故などを取り上げて不完全燃焼による一酸化炭素中毒の危険性を指摘する班もあった。目に見えず，無臭の気体の特定は試薬や気体検知管などを用いれば確認できるが，見えた事実から見えない気体を特定し，さらに生活にその知識を活用できた成果は大きかった。

　学校司書の朗読で先哲との会話の機会をつくり，時間を短縮して実験の結果を印象付けさせて図書の内容を最大限生かすことのできた授業であった。また，授業の中でハンコ（5レベルのスタンプ）を用いた評価を行った。生徒個人と班のポイントとして反映し，図書を調べた時に要約を行う「情報カード」の内容やまとめの大型紙にハンコを押すことで，調べている内容から大きなズレが起こらないように支援し，細かな評価で生徒との会話の機会が増えいつもは教室ではできないような化学の会話ができた。

> **POINT!**
> ICTはコミュニケーション技術であり，効果的な導入がなされない限りその威力を発揮しない。効果的な導入を行うために，学校司書と連携して授業・教材研究を行い，能動的な学びを生み出すきっかけをつくる。資料はICT機器を用いて発展させると空間の表現，時間概念（動き）を含めると様々な次元の表現が可能となる。デジタルデトックスとなる図書資料の深い空間と，生徒の意識に瞬時に反映していくデジタル資料の共存がおもしろい。

5 学校図書館の利活用

図書館活用シラバスが効果を可視化
~学校図書館を使った授業事例（高等学校）~

1．学校図書館の役割を考え提案する

　私が鳥取県立鳥取西高等学校に学校司書として赴任した2013年，総合的な学習の時間（以下，総合学習）で「思索と表現」という探究型の授業がスタートした。教職員の中で教科横断的な運営委員会が立ち上げられ，司書教諭，司書もその一員として会議に参加することになった。実際に会議に参加してみて分かったのは，委員会のメンバーは授業を一から計画しなければならず，教材研究の情報を集めるだけでも大変な労力が必要ということだった。またメンバーの中には探究学習は初めての経験でイメージが湧かないと言う人もいた。そこで，会議のたびに，桑田てるみ編（2012）『6プロセスで学ぶ中学生・高校生のための探究学習スキルワーク』（全国学校図書館協議会）や日本図書館協会図書館利用教育委員会編著（2011）『問いをつくるスパイラル：考えることから探究学習をはじめよう！』（日本図書館協会）などの探究学習用の指導書を持ち込み，実際のページを見せながら「こういった手法があります」「このページを使ってはどうでしょう」などと提案した。

　こういった会議の場で手を挙げて提案をすることは，当時の私にとって初めての経験であり，大変勇気がいることだった。いつも発言する前は「発言すべきかどうか」ということで悩み，また発言した後は決まって「この提案をして本当によかったのだろうか」と思い悩んだ。しかし困ったときは司書教諭に相談したり，委員会のメンバーに個別に感想を聞いたりして，その都度反応を確かめた。教諭らの考えや思いを知り，アドバイスをもらえたことで，「たとえ失敗してもその経験が後の糧となる」ということを学んだ。特に司書教諭は教諭と司書のそれぞれの立場を理解した上で助言してくれた。「図書館の役割は情報提供。勇気を持って役立つことを考えよう」と発言を続けたところ，授業計画担当の教諭から個別に相談を受けるようになった。以来，学校図書館（以下，

「思索と表現」ポスターセッションの様子

図書館）の資料や他校の事例を参考にしながら，教諭らと一緒に具体的な授業計画を立てている。

2．他の教諭と共に授業を計画する（教材を作る）

　授業を計画する際，初めは探究学習用の指導書に掲載されているワークシートをそのまま使用していたが，次第に教諭らから「より本校の学習内容に沿ったものにしたい」という要望が出始め，独自の教材を作るようになっていった。ワークシートを作る過程は，まず初めに司書が教諭の要望を聞きながら手書きのラフスケッチを描くことから始まる。次に司書教諭にアドバイスをもらい，それをデータに起こして印刷する。最後に担当教諭・司書教諭・学校司書の3者（または総合学習の責任者を入れて4人）で集まって協議し，修正を加える。時間がなく集まることができないときは，各担当者の机上に作成中のワークシートを配り「〇月〇日までにご意見ください」と書置きし，修正点をメモ等でやりとりするか，あるいは担当教諭の意見を司書教諭，学校司書が仲介して調整した。

　このような過程を繰り返し，総合学習や各教科の授業で作成したワークシートが少しずつ集積されていった。2016年に図書館が中心となってこれらを取りまとめ，『探究学習マニュアル』というテキストを作成した。テキストと言っても初めは校内の印刷機で印刷したものをクリップでまとめただけの簡単なものだったが，必要な教諭に配布したり，職員室内の数か所に置いて自由に利用できるようにしたりと，少しずつ共有することから始めた。ワークシートのデータは校内の共有サーバに置き，教諭のパソコンから生徒配布分をプリントアウトできるようにした。「試行版」として実際に1年間授業で使用した後，印刷業者に発注して冊子化し，全生徒と教職員に配布することになった。総合学習だけではなく各教科の授業の中でも使うことができるため，汎用性のあるテキストとなっている。

探究学習マニュアル

3．学校図書館の機能を可視化し，組織の中で共有する

　「思索と表現」がスタートした2013年には総合学習の担当教諭，司書教諭らと一緒に島根県立松江南高等学校（以下，松江南高校）を訪問し，探究学習の指導方法，図書館を含む組織的な連携方法などを教わった。複数の教諭と一緒に訪

問したことにより，「発表形式をポスターセッションにしてはどうか」「どの部分で生徒へ助言すれば研究が深まるか」など運営委員会の中で情報を共有し，具体的に協議することができた。また，学校訪問の内容を教職員全体に紹介してほしいという要請を受け，職員会議で報告した。

松江南高校図書館の取り組みとして衝撃を受けたのが，学年や教科を横断した図書館活用のためのシラバスを作成し，校内で共有していたということだった。図書館活用による教育的な効果を可視化し，関連する部署と連携しながら取り組んでいた。ちょうどその頃，本校のある教諭から「図書館を活用したいが，司書や司書教諭が何をしてくれるのか，他教科がどんな活用をしているのかが分からない」という率直な意見を聞いたこともあり，シラバスの必要性を感じていた。

司書教諭とあれこれアイデアを出し合いながら，ようやく 2015 年に「学校図書館活用シラバス」という A4 用紙１枚の表を作成した。１年生から３年生に至る各学習段階で，図書館側が学習のねらいとして提案する４つの力（情報探索力，情報読解力，論理的思考力，表現力）とさらに細分化した 41 項目（アメリカ・スクール・ライブラリアン協会編著（2010）『21 世紀を生きる学習者のための活動基準（シリーズ学習者のエンパワーメント，第１巻）』（全国学校図書館協議会）のベンチマークを参考）に沿って，各教科の教諭と連携しながら情報活用力を育成しよう

※図書館の支援内容：ワークシートの作成、情報活用ガイダンス、テーマに沿った資料の収集、情報検索、ブックトーク（本の紹介）、ICT 活用などの支援を行います。随時ご相談ください。

学校図書館シラバス　～生徒の学習段階に合わせた情報活用力の育成～　2018 年７月 鳥取西高等学校図書館

	１年		２年		３年	
	生徒につけさせたい力	教科、授業名、内容など	生徒につけさせたい力	教科、授業名、内容など	生徒につけさせたい力	教科、授業名、内容など
情報探索力（情報の検索、入手、評価、選択）	①図書館資料の探し方を知る ②目次、索引の使い方を知る ③百科事典や辞書で言葉の定義を確認する ④さまざまなメディアを活用し、信憑性の高い情報を入手する（インターネット、本、新聞など）	■地歴・公民科「現代社会」資料、新聞記事データベースを使ってデータを集め、レポートを作成する（①～④ 10 月以降） ■国語科「現代文」太宰治「富嶽百景」作品読解を深めるため、テーマに関する資料を調べ発表（①④㉜） ■英語科「英語表現」複数の資料を使い情報の内容を比較しながら（発想を広げながら）調べ、ポスターセッション（⑪⑯㉝）	⑯複数の資料で情報の内容を比較する ⑰情報の信頼性を考え、評価する ⑱情報を入手するのに最適なリソースを選択する ⑲キーワードや同義語を複数活用して検索する	■体育科「体育理論」スポーツ障害とその予防策、効果的なストレッチ、トレーニングを調べる（⑯～⑱） ■地歴・公民科「地理Ａ」世界の地域に関する探究学習（⑯～㉖） ■地歴・公民科「地理Ｂ」さまざまな資料や Web サイトからデータを集めてレポートを作成する（⑯～⑲） ■地歴・公民科「世界史Ａ」資料で調べ、情報カードで記録と情報整理を行い、各章ごとにグループに分かれてプレゼン発表（①⑤⑨⑫⑯⑰㉓㉖㉗㊴㊵）	㉛自らの目的のために、探究過程を主体的に使う ㉜初期の情報を再検討する ㉝適切なデータを取捨選択し、入手する ㉞他の言葉で概念（キーワード）を言い換えながら探す	■国語科「古典」「源氏物語　明石の姫君の入内」を読むための課題、調べ学習考察（㉜）
情報読解力（情報の理解、疑問を持つ、問いや仮説を立てる、推論）	⑤重要な箇所やキーワードに印をつけながら読む（スキャニング） ⑥文章の始めから終わりまでざっと目を通す（スキミング） ⑦図表データ、グラフ、新聞、Web 情報の読み方を知る ⑧批判的に読む手法（クリティカル・リーディング）を知る	■進路 LHR「学問研究」新書を読んで新書レポートを書く ■地歴・公民科「現代社会」新聞、書籍を読んで賛否を考え、ディベート・ポスターセッションの事前学習（④⑯⑳㉞㊱） ■英語科「英語表現」プレゼンに向けた調べ学習（批判的な視点で読み、答えが複数ある問題について考える）（⑦⑮⑳㉒㉚）	⑳自分で疑問を持ちながら批判的に読む（クリティカル・リーディング） ㉑読みながら、答えが複数あったり「最良」の答えがなかったりする問題について考える ㉒問いや仮説を立てる	■理科「地学基礎」iPad と資料を使って断層の場所、地震のメカニズム等を確認しながら地震を予想する（⑳～㉓） ■地歴公民科「日本史Ａ」特定の事件や人物について多様な資料から調べて情報カードに記録・整理。発表や他グループと討論を行う（⑧⑯⑰㉘㊱㊳㊵） ■地歴・公民科「倫理」思想家とその思想について書籍で調べ、ポスターを作成し発表の準備をする（⑳㉖㊱～㊴）	㉟情報を分析し、根拠を見つけ、正当であるなら新しい仮説を立てたり、一般化したりする ㊱情報源の探究をさらに行うための問いを立てる（問題の焦点化）	■国語科「現代文」「生物多様性の恩恵（鷲谷いづみ）」を読み、筆者の意見に賛成か反対かを考えるための根拠をさがす（㊱㊶）
論理的思考力（情報の整理・分析・統合、知識の組織化）	⑨発想を広げ、探索のキーワードを増やす手法を知る ⑩知識の組織化のパターン（比較、対照／時系列／原因と結果など）を知る ⑪試行錯誤しながら組織化のパターンを自分で使ってみる	■家庭科「家庭基礎」家族・家庭の抱える問題をテーマとして取り上げ、その背景や原因を探り防止策を考える（①④⑦⑨⑪） ■芸術科「音楽」イタリアとドイツの風土の違いから曲の雰囲気の違いを考える（⑨～⑪㉖） ■総合「思索と表現」新聞記事を読み、疑問を持った部分をふせんに書き出して整理し、論理的に表現する（⑤⑧⑫⑬㉔）	㉓組織化のパターンを使いながら情報を整理する ㉔論理的な文章の構造を知る ㉕課題の原因と方策を考える ㉖他者の意見と自分の意見を比較し共通点・相違点を考える	■理科「生物」遺伝子検査と生命倫理。出生前診断や遺伝子検査に関わるトピックをもとに社会問題を多様な視点でとらえる（情報の収集・整理、問い立て）（⑳㉒㊱） ■国語科「現代文」教科書の教材を別の資料を用いて読み考察する（㉗㉚㊵） ■国語科「古典」作品についての研究。他者の意見と自分の意見を比較・整理して考え表現（㉒㉗㉙㉚㊵） ■体育科「体育理論」文章を読み要約。小論文を書く（⑳㉕～㉚）	㊲新しい情報を既知の情報や知識と比較し、統合する ㊳情報を用いて、個人的世界／現実世界と関連して考える ㊴他者の意見との比較から、再度自分の意見を整理して考える	■地歴・公民科「政治経済」新聞、書籍を読んでディベート・ポスターセッションの事前学習（④⑯⑳㉞㊱㊴㊵） ■地歴・公民科「倫理」情報収集、発表（⑳㉖㊱～㊴）
表現力（書く、発表する）	⑫情報カードで整理する ⑬他者の言葉（引用）と自分の言葉を区別して書く ⑭「要約」の方法を知る ⑮発表の手法を知る	■情報科「社会と情報」学問研究（探究学習の流れを知る）目次・索引の見方や検索の方法、情報カードの活用方法を学んだ後、実際に本を探し、情報カードに記録（①②④⑫⑬）	㉗自分で「要約」ができる ㉘根拠を提示し説明する ㉙自分の意見を表現する ㉚文章にタイトルをつける	■英語科「コミュ英」英語の本や文章を読み、調べ、ブックレポートを書く（①④～⑧、⑬～⑮㉚） ■総合「思索と表現」新書を読みブックレポートを書く（要約、自分の意見を表現する練習）（㉗～㉙）	㊵論理的な文章を書く（小論文） ㊶情報を用いて、個人的世界／現実世界と関連して表現する	■英語科「コミ英」さまざまなメディアで調べ、情報整理し、プレゼン発表（①④㉒㉔㉘㉙）

図表１　学校図書館活用シラバス

というものである。図書館を活用した授業の要望をアンケート形式で集約し，教諭側の「活用したい」というニーズと図書館側のねらいをマッチングさせている。このシラバス自体は強制的なものではないが，それぞれの分掌，教科，学年の教諭らと志を共にしつつ，授業の内容を可視化し教育効果を高めることを目標としている。

　シラバスの作成にあたり，初めは校内の「図書館運営委員会」の中でたたき台を提案し，各教科主任に「図書館の授業活用に関するアンケート」を配布して取りまとめていた。しかし司書教諭から「もっと気楽に要望を上げられる仕組みのほうがよいのでは」といった意見があり，今では教諭一人ひとりにアンケート用紙を配布している。このシラバスがあることで，図書館側は事前に授業計画が把握でき，授業担当者が変わっても過去の取り組み内容を説明できる。教諭側のメリットとしては，他の教科でどのような授業を行っているかということを知り，教育のねらいと具体的な手法を共有することができる。このように「学校図書館活用シラバス」を作成し共有したことで，図書館が教育的なねらいを持ち支援しているということがずいぶんと理解されるようになった。「図書館の機能を可視化する」ということは，図書館と他の部署の連携を生み出す仕組みづくりにつながるのではないかと感じている。

4．学校図書館が教育活動に携わる際に留意してきたこと

　様々な場面で留意してきたのが，司書の立場（役割）としての発言のあり方である。司書からの提案が教諭に受け入れられなかった場合，「（利用者である）相手を尊重し，無理に意見を押し通さない」ということを心掛けた。司書の専門性が発揮できるのは，知識やアイデアを広げたり深めたりするための情報提供と，利用者の要望に沿ったレファレンス対応や提案である。一方，授業のねらいを持ち，情報を取捨選択し，指導案を作成するのは教諭の専門的な領域である。司書からの提案の後，「最終的に判断するのは教諭」として専門性を大切にしてきたからこそ，フェアで良好な関係づくりができたと感じている。

　また仕事の中で何より重視しているのが「情報発信，情報共有」である。これは図書館の役割を知ってもらうための原点，つまり連携のための「種まき」にあたる活動と捉えている。本校では毎年4月の職員会議で「学校図書館は授業・教材研究・分掌等の活動を支援します」というプリントを配布し，授業実践やワークシート例などを紹介している。司書教諭の提案で，2018年には「探究学習マニュアル」を使った教職員向けのワークショップを行い，探究学習の手法の可視化と共有に努めた。「一緒に探究学習に取り組みませんか」「ぜひ図書館をご利用

ください」と呼びかけることで，図書館が学びを応援する場であるということを理解してもらえるようになった。そして，呼びかけに応じた教諭と一緒に授業を計画し（Plan），実践した全ての授業に入って写真などの記録を取り，ワークシートや教材を保存し（Do），これらの素材を振り返りに活用し（Check），次の「情報発信，情報共有」に活用する（Action）という「PDCAサイクル」を繰り返すことが，組織の中で連携しながら図書館教育の質を高めることにつながると考えている。このサイクルを生み出す手掛かりがない場合，まずは堀川照代編著（2018）『「学校図書館ガイドライン」活用ハンドブック　解説編』（悠光堂）を参考にしながら，「情報発信，情報共有」（Action）を行うことをお勧めしたい。「図書館だより」や図書館のホームページでの情報発信，職員会議での授業利用の提案など，様々なPRの方法が考えられる。校内に提供できる情報がなければ，既刊の指導書や他校の実践事例を提案すればよいだろう。小さなActionが連携の第一歩となる。組織と連携しながら，生徒の力を育むための「種まき」と「PDCAサイクル」を続ければ，いつかはその種が花開き，生徒の成長につながると信じている。

(POINT!)【PDCAサイクルで実際に教育活動に参画する】

① 図書館の役割として情報の収集と提供に努め，教諭らと共に授業を計画する。(Plan)
② 司書や司書教諭が授業に参加し，ガイダンスやレファレンス対応を行う。授業実践の記録（レファレンスや授業内容のメモ，授業の写真等）をとり，ワークシートや指導案を保存する。(Do)
③ ①，②の内容を担当者間で振り返り，反省点を共有する。(Check)
④ ①〜③の記録をもとに，次の活動につなげるための「情報発信，情報共有」を行う。不足している資料や物品があれば補充しておく。(Action)
※上記①〜④を繰り返す。校内に提供できる情報がなければ，まずは既刊の指導書や他校の実践事例を集め，それをもとに情報発信する。

<u>編者のひとりごと：「ここがいいね！」</u>
○探究型授業の教科横断的な運営委員会メンバーに，司書教諭と学校司書が参加し，学校司書が探究型学びの具体的提案を行った。
○司書の専門性が発揮できるのは，知識やアイデアを広げたり深めたりするための情報提供と，利用者の要望に沿ったレファレンス対応や提案である。

6 学校図書館の利活用

気軽に参加できる当日読みの読書会

1．はじめに

　読書会は好きな本について自由に討論するものであるが，読書会を経験したことがない生徒がほとんどである。また討論が苦手な生徒や，読書をしてこない生徒も多い。そのため，より多くの生徒たちが気軽に参加できるような方法の一つとして，当日，読書をして討論する形式の読書会を行っている。

2．新入生オリエンテーション内での読書会（1年生徒対象）

　毎年4月に，図書館オリエンテーションとして，図書館活動の紹介や利用法の説明とともに簡単な読書会を行っている。現在は生徒とのコミュニケーションを図りながら読書会を体験することを目的として「実践例1」を，また「学ぶことをあきらめない」というメッセージを込めて「実践例2」を行っている。

（1）実践例1　画像を使った導入的読書会
　使 用 図 書：南野忠晴著（2014）『正しいパンツのたたみ方』岩波書店
　ポ イ ン ト：家族の居住形態，動物や植物など，家族の基準について考える。
　読書代替法：画像を見せながら本と同様の質問をする。
　討 論 形 式：全体で生徒に質問し，その理由を尋ねながら進める。
　所 要 時 間：約5分
　留 意 事 項：家族のことを話したくない生徒や「パンツ」ということばを使う
　　　　　　　ことに抵抗のある生徒がいる。
　そ　の　他：グループ討論と読書を組み合わせた通常の読書会でも大変好評。

（2）実施例2　自作紙芝居を使ったミニ読書会
　使 用 図 書：宮本延春著（2006）『未来の君が待つ場所へ』講談社
　ポ イ ン ト：いじめや家族，学びについて考える。
　読書代替法：給食費を出すように迫られるシーン，プロレスごっこのシーン，
　　　　　　　父親に勉強道具を燃やされるシーンの3枚の自作紙芝居を見せ
　　　　　　　ながら，図書委員2人と司書が読み聞かせを行う。
　感 想 記 入：朝読書の記録に使用している形式を使用（後出）。
　討 論・発 表：4人以下のグループで討論の後，発表。なるべく多くの生徒が意
　　　　　　　見を発表できるよう，全体で討論を行うこともある。
　所 要 時 間：約15分

留意事項：いじめや家庭内暴力を経験した生徒がいる。

3．教科的要素を取り入れた校内読書会・他校との合同読書会（希望者対象）
（1）実践例
使　用　図　書：最果タヒ著（2016）『夜空はいつでも最高密度の青色だ』
　　　　　　　　リトルモア社　より「青色の詩」
ポ　イ　ン　ト：「都会」「孤独」（孤独について話題が出た場合）について考える。
読書代替方法：1文ずつ画像で見せ，希望者が朗読後，全文を通読。
討　論・発　表：①1文目　英文に訳す（誰が誰に言っているのかをなるべく無意識に確認するため）。
　　　　　　　　②2文目　都会での生活とは？
　　　　　　　　③3文目　「最高密度の青色」とは？
　　　　　　　　④全　文　詩全体から何を感じたか。
　　　　　　　　⑤読書ボードの作成　ビルの形をしたカードに感想を書き，水色の画用紙にキャッチコピーを入れ，考えが伝わるよう，工夫する。
所　要　時　間：約2～3時間
留　意　事　項：本校では，都会の生活をイメージできない生徒が多かった。

校内読書会読書ボード作成例
（下の円は地球をイメージ）

（2）他の読書会例
①全編読み
　夏目漱石著『こころ』　等（教科書で一部を読んでいる）
②他の本との読み合わせ
　司馬遼太郎著『項羽と劉邦』（教科書）と芥川龍之介著『英雄の器』（あおぞら文庫）を用い，「英雄」という存在について考える。
③関連テーマを読む
　V．E．フランクル著（2002）『夜と霧』みすず書房　等
　留意事項：知識の差によって討論がかみ合わない場合がある。
④「海ごみを考える」講演会，体験学習（海岸清掃）との組合せ
　眞淳平著（2008）『海はごみ箱じゃない！』岩波書店

4．一般的な校内読書会・他校との合同読書会実践例（希望者対象）

使 用 図 書：芥川龍之介著『鼻』あおぞら文庫
ポ イ ン ト：人間の外見と心について考える。本音で話す。
討論・発表：図表1のワークシートの設定どおり。
所 要 時 間：約2〜3時間
留 意 事 項：外見を真剣に気にかけている生徒がいる。
そ　の　他：登場人物を入れずにシンプルな読書会をすることや，自分が主人公に出会ったらどのような関係を作るかという設定もできる。

時間	内容
14:00〜14:03	読書会の進行についての説明　名札記入
14:03〜14:10	自己紹介：「もしあなたに大きな鼻があったら、どうするか？」を入れて、自己紹介！
14:10〜14:40	読書、ワークシート記入（討論3まで）
14:40〜14:50	休憩
14:50〜15:10（15:05より発表）	討論1：鼻を小さくしたいと考えた主人公についてどのような感想をもちましたか？
15:10〜15:30（15:25より発表）	討論2：最後まで読んで、どのような感想をもちましたか？
15:30〜15:55（15:45より発表）	討論3：自分の望む展開になるには、どのような人が入るといいでしょうか？　一人の登場人物を入れて、話を完成させてみましょう。発表時にはベストストーリーを選んだ理由も！
登場人物	
どのような場面で	
主人公とどのような関わりを持ち	
どのような展開となったか	
15:55〜16:10（16:05より発表）	討論4：　　　　　　　※討論後に記入『鼻』は、主人公にとってどんな存在だったのか？
16:10〜16:20	おまけ（全体質問）：『鼻』についての討論を終えて、「もしあなたに大きな鼻があったらどうするか」、考えが変わりましたか？
16:20〜16:30	あいさつ：　○○生徒　　感　想：　○○先生、○○先生

本音で話そう！！『芥川龍之介著「鼻」を読み、語ろう』もし、あなたに「大きな鼻」があったら…
高校　年氏名（　　　　　　）グループ（　）

図表1　芥川龍之介著　『鼻』　ワークシート作成例

☆ワークシート作成上の留意点
①時間を明記する
②「読書、討論、発表」の項目を明記する
③討論後に書かれた数字で，グループ内での担当を認識させる
2018年度実施例：『君の膵臓をたべたい』『太陽のパスタ，豆のスープ』

5．討論を活発化するために
（1）読書会の中での工夫
①4つの討論ポイントを作り4人以下のグループ参加者が順番に進行を務める
②読書ボードの作成（短時間で形になるような素材を準備。過度な装飾不要）
（2）日頃の活動の中での工夫
①本への興味を持たせる企画（2018年度）
　自衛隊員による『自衛隊防災Book』講演会，『君は月夜に光り輝く』朗読とスノードームづくりなど。
②朝読書の記録
　記録には，本の感想と「感動度，ためになる度，読みやすさ，楽しさ，おすすめ度」の5つのポイントを4段階で評価する欄を設けている。また，生徒の感想にあった関連書情報や質問などを書き入れ，コミュニケーションを深める機会としている。

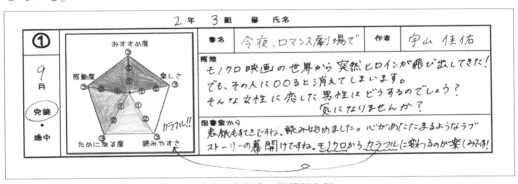

図表2　朝読書の記録記入例

6．おわりに
　読書会に参加した生徒からは「ストーリーが展開するきっかけを探すため，細かいところまで読むようになった」「知らないうちに一人読書会をしている」など読書法が変わるという声が聞かれる。また読書会の題材によって「家族について考えられてよかった」「今，何が不満なのか，何をしたいのかが分かった」など，本のテーマや登場人物を通して自分を見つめる機会とすることができ，「精神解放の場だ」と表現した生徒もいた。

> **POINT!**
> 少人数の井戸端会議から始めたものが読書会となった。テーマや登場人物に自分の考えを投影できるような本を選ぶと，討論が盛り上がりやすい。本は公共図書館（例：県内）間の相互貸借システムを利用して用意している。

7 学校図書館の利活用／学校図書館における図書館資料／学校図書館と地域との連携

動いている社会を実感させる新聞活用
～NIE教育～

1．新聞活用の意義
（1）多様な情報資料を
　学習を充実させるためには，教科書だけでなく，いろいろな情報資料を使うべきである。多種多様な情報資料の特質を捉え，比較しながら読み解いていく学習過程を意識してつくりたいと考えてきた。主体的に社会について考える姿勢が，情報化社会では生きる力となるからである。多様なメディア活用や比較は，主体的な思考判断を養う土台である。そこに新聞活用の意義もある。
　特別な研究指定校であるとか，予算措置があるとかではない，ごく普通の公立中学校の司書教諭にどんなことができるか，工夫を重ねながら，学校図書館経営に携わってきた。
（2）生きて動いている社会の実感
　最近，教科書の中にも新聞が登場するなど，新聞が注目されている。しかし，本当は，教科書に整然とおさまった新聞は本来の鮮度と迫力を失っているのである。教科書を土台として発展させ，本物の新聞を使うことで，広がりと深さのある学習が生まれる。現在の生きて動いている社会を感じるための新聞活用を心掛けたいと考えてきた。
（3）他機関との連携で学習に広がりを
　一人で全ての新聞や資料を収集することはできないし，指導者から全てを子供に提供することは，自分で新聞を読んでいく力を培うことにもならない。そのため，新聞活用も，他機関との連携が重要なポイントであると考えて，**NIE**（Newspaper in Education：教育に新聞を）に関わってきた。

2．新聞活用の注意点
　情報資料の一つとしての新聞の特徴について，以下のことに注意しながら，学校図書館から学校全体に提案していった。
（1）新聞の特質
　図書資料は，時間をかけて編集されるものである。しかし，今起こっている社会事象は，まだ図書資料にはなっていない。そこに新聞の特質がある。新聞は，日々刻々移り変わる社会の様相を見ることができる，その日の社会の縮図なのである。

過去の新聞も，その時々の様子がありありとうかがえる資料となる。
　一覧性という特徴もある。インターネットは必要な情報をピンポイントで読むことになるが，新聞は，教育面，地域面など，いろいろな方面の情報が載っている。その日の社会全体が映し出されているのである。一つの事件でも，国際問題としてはどうか，経済的にはどんな影響があるか，など情報を多面的に考えることができるのである。

（2）新聞は丸ごと全部

　自分で探して読んでいくことも大切な学習である。切り抜きに設問をつけて教材化したりすると，それはもう新聞ではない。子供にとっては「先生が配ったプリント」に過ぎない。また，それでは子供が新聞を読まなくなる恐れもある。新聞は元の形のまま丸ごと読ませたい。

（3）複数紙の必要性

　図書資料が著者の考えで書かれているように，新聞も新聞社のスタンスがある。そのため複数紙の比較も大切である。取材し，記事にし，見出しをつける。そこには当然，編集の意図がある。それを読み比べる姿勢が，クリティカルリーディングの姿勢を培うことになるのである。

（4）新聞の保存

　新聞の保管は，例えば，次のような方法がある。
　・今週のものは，新聞架に：すぐ，目に触れ手に取れるように
　・今月のものは，学校図書館内の棚に：自分で探せばすぐ読めるように
　・過去のものは，準備室や書庫に：学校司書に申し出て出してもらえるように
　学校や児童生徒の状況に合わせて工夫するとよい。図書委員の当番などが毎日運んで入れ替えていくようにすれば，あまり負担にならずにできる。

　また，過去のものを授業で使う場合は，①ブックトラックなどに入れて学校図書館で，②カゴに小分けして教室へ持っていく，などの方法もある。

　一つの事件や特集・連載などを時系列に探していく場合も多いので，いずれも，新聞は，新聞社ごとに，月別，日付順に保管しておく。

　はじめは，使った新聞を返すときに乱雑に置いていき，日付順が乱れて大変な作業になるが，子供たちは少し繰り返していくと，案外きちんと戻すようになる。一度使った新聞を次の授業時に探そうとしたとき，日付がバラバラになっていると見つけられ

今週のものはすぐに手に取れるように新聞架に

今月のものは学校図書館の棚に新聞社ごとに月別，日付順に

保管してある過去のものを使う場合は，ブックトラックなどにのせて

ず，たいへん不便な経験をするからである。図書資料の配架と同じで，順番に並べることの意義を実感する。新聞を使うと混乱して大変だからと避けずに，繰り返し経験させることが大切である。

　新聞だけを特別に他の場所に置くのではなく，学校図書館の資料の一つとして身近に置いておきたい。図書やWebサイトと一緒に繰り返し活用していくことで，子供たちが自然に新聞の特性や他の資料との使い分けを身に付けていくだろう。

3．新聞活用アラカルト

　子供には新聞は難しいという人もいるが，そもそも大人でも全ての記事内容が分かるものではないだろう。分かるところから見てなじんでいけばいいのである。小学校低学年から新聞に親しみ，新聞から社会の出来事に関心を持ち，「なぜ」と疑問を持つ子供たち，教科の枠にとらわれないで，自分の考えを持てる子供たちを育てたい。中学校を終えるときには，よき市民として社会に主体的に関わる姿勢を持たせて送り出したいと考えてきた。

（1）小学校の活用

　小学校でも興味を持って意欲的に取り組ませることができる。

- 写真を見て感想，見出しをつける
- 顔写真に吹き出しでセリフを書く…担任に記事を読んでもらってからもう一度セリフを考えると深まるだろう
- 大きな数・割合・速さ（算数），天気図（理科），季節や風物詩（生活）なども利用できる
- 習った漢字を見つける活動も，子供たちは楽しんで学習できる
- 日付を隠して順に並べてみる…日付を確認してから，自由な発想で気付いたことを話し合うのもよい

- 図表やグラフを生かして意見文を書く
- 複数の新聞の比較…「どっちの写真が好き？」「どうして？どこが違うか探してみよう！」こんな問いかけから，気付きが生まれるだろう

（2）中学校の活用

中学校では，さらに高度なこともできるようになる。

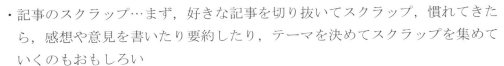
廊下に新聞を掲示、通りかかった生徒が感想や意見を付箋で交換する。友達や家族などとの意見交換で考えが深まる

- 時間を追って事件の経過を読む
- 過去の新聞でその時代の生の情報や雰囲気をつかむ
- 記事のスクラップ…まず，好きな記事を切り抜いてスクラップ，慣れてきたら，感想や意見を書いたり要約したり，テーマを決めてスクラップを集めていくのもおもしろい
- 複数の新聞を比べる…見出しの比較，リード文や本文の比較，社説やコラムの比較，使用している写真の比較，論理の展開の仕方の比較など，学年や新聞活用の経験によって選んでやってみるとよいだろう

2012.10.09（火）
山中伸弥氏ノーベル賞受賞の朝刊1面と社説の比較。全国15紙を用意

「これ，もっと調べてみようよ！」図書委員が気になった記事と図書資料を一緒に展示

（3）学校図書館では

記事をスクラップし情報ファイルとして保管（特に，地元紙は地域資料に有効）。

（4）新聞社との連携で

記者派遣で取材の様子を聞いたり，新聞の作り方や記事の書き方を学んだりすることもできる。

4．生涯学習の種まきとして

　新聞を使うことで，子供たちは，記事に書かれた現実の生活に思いをはせるようになり，広がりと深さのある学習ができる。教科書の授業とは違う自由な学習，現実社会に目が向く実感の伴う思考が生まれていく。生涯学習につながる有効な手段である。

5．実践事例：中学2年　総合的な学習の時間

　司書教諭として実践した，2学年全体での人権学習について，司書教諭・学校司書・授業者（担任）の動きが分かる形でまとめてみた。図書資料・映像資料等，多様な情報ツールを使ったが，その中の新聞に着目して報告する（図表1）。

実践事例　人権学習（学校司書・司書教諭・学年教員のコラボで）

司書教諭	授業者	学校司書
・三者で基本計画相談 ・学校図書館，PC室等の利用方法の打合せ ・現実社会で起こっている問題を新聞から探してはどうかと提案 ・資料の種類，提供の方法，新聞提供のタイミング，団体貸出等の相談 ・新聞記事データベースの利用方法等の確認，技術科教員との連携 ・新聞用・Webサイト用など，図書以外のための情報カードの作成（新聞記事の情報カードには，新聞名・日付・版・面，などの記入項目を入れた） ・ワークシートの作成 ・まとめには，情報カードをもとに引用の出典や参考文献を記入することをアドバイス	三者で基本計画相談 学習計画の作成 　下記の5つを各クラスがローテーションで調べる。 　①[学校図書館]蔵書 　②[多目的室]公共図書館団体貸出資料 　③[教室]新聞記事 　④[教室]映像資料 　⑤[PC室]インターネット ｜1組｜①｜②｜③｜④｜⑤｜ ｜2組｜⑤｜①｜②｜③｜④｜ ｜3組｜④｜⑤｜①｜②｜③｜ ｜4組｜③｜④｜⑤｜①｜②｜ ｜5組｜②｜③｜④｜⑤｜①｜ 学習活動 ・新聞記事スクラップでは，40紙ずつをかごに入れて各学級に図書委員が運んだ。 ・出典の記入方法やまとめ方などを解説したワークシートや学習ノートを配布。 まとめ・発表	・三者で基本計画相談 ・新聞は読売・朝日・毎日・神奈川の4紙配置 ・学年の全生徒に配布できる部数の過去の新聞が学校図書館に保管してあることを連絡 ・新聞切り抜きファイルの準備…新聞記事を短時間で見つけるのが難しいのではないかという学年担当教員の心配があったので，参考となるものを用意 ・保管している新聞の提供の時期と方法の確認 ・新聞データベース検索の申し込み ・情報カードに記入する書誌事項は，学校司書が支援 ・発表後の生徒作品を学校図書館に保存

図表1　中学2年生　総合的な学習の時間での実践事例

> **POINT!**
> 　司書教諭・学校司書・授業者が連携し，学年や学校全体で取り組むことで，学校図書館活用や新聞の活用が全校に浸透し，次第に各教科の授業にも使われるようになっていく。学校経営や年間計画との関わりを重視することが大切である。

8 学校図書館の利活用
4つのねらいがある学校図書館の展示

小学 中学 高校 特支 公共 教委

1．はじめに

　学校図書館が行う展示は，そのねらいや対象に応じて4つに大別することができる。①児童生徒及び教職員に「学校図書館に行こう」と思わせるための展示，②新着本やテーマ展示など「こんな本があるよ」と紹介して読書に誘う展示，③実際に本を手に取らせて読ませる・考えさせる展示，④児童生徒が自ら作り上げる展示である。

2．学校図書館へ誘う展示（勧誘型）

　京都府立久美浜高等学校の学校図書館は，教室や職員室とは別棟の3階にあり，生徒・教職員の動線からは大きく外れた場所にある。意識しなければ学校図書館が視界に入ることのない立地条件で，「学校図書館へ行こう」と思わせるための展示は，非常に重要な意味を持つ。

　この展示のねらいは，第一に，日頃は学校図書館に来ない生徒・教職員に，学校図書館の存在をアピールすることにある。図書館便りなどの広報誌の掲示や，現在やっている企画の紹介など，リアルタイムの情報を公開する他，学校図書館がいつ開館しているのか，図書館ではどのようなことができるのか，といった基本的な情報を開示することも必要である。

　ただし，情報は多ければよいというものではない。通りすがりに小さな文字は目に入らないし，立ち止まって長文を読む人は滅多にいない。色使いやフォント，ときには立体的な工夫で目を惹くとともに，極力短い文章で必要なことを伝えねばならない。重要なことは「学校の中には図書館があって，あなたも使うことができる」と，印象付けることにある。場所は，校内でも特に多くの人が必ず通る場所が望ましく，昇降口や廊下，階段，トイレなどへの掲示も有効である。しかし，これらの常駐する人のいない場所に，実際に本を展示することは管理運営の上で難しい。このような場所で本を紹介する場合は，日替わりで1冊のみ紹介するか，本の表紙画や印象

月ごとにテーマを決めて廊下で行う展示。表紙画像を掲示し、表紙画をめくると内容紹介が記されている

的な一文を大きく掲示し，内容の紹介はその内側に記すなどの手段が考えられる。

3．本や話題を提供する（誘導型）

　一般的に図書館の展示ときいてイメージされるものは，このタイプの展示が多い。「本屋大賞」「映画の原作本」や「今年のノーベル賞」「著名人の追悼」など，大手マスコミでも紹介される題材をタイムリーに展示すると反応がよい。また，学校行事や授業内容に関連する展示，先生のオススメ本など，身近な人や題材をとりあげることも大切である。

　留意すべき点は，テーマ展示は，対象者を限定してしまうことである。入学直後の1年生と，卒業まで1年を切った3年生の関心事は当然異なる。あらゆる利用者層を想定し，それぞれに必要な本や話題を提供するためには，少なくとも複数の異なる展示を同時に展開しておかねばならない。また，学校図書館の利用者の多くは，自分だけの"お気に入りスペース"を持っている。毎日学校図書館に来ている生徒でも，足を運ぶエリアは限られていたりするので，長期間設置する展示でも，確実に多くの目に留めてもらうためには，期間中に展示場所を移動するなどの工夫も必要である。そのためにも，誘導型展示のコーナーは，学校図書館内の広範囲に分散して複数あることが望ましい。

　利用者にとって魅力的な展示とするには，例えば，朝に見たニュースの内容を昼休みまでに展示コーナーにするくらいの迅速さが求められる場合もある。不定期に展示コーナーを更新する場合は，展示内容が変わったことが明確に分かるように，本を入れ替えるだけではなく，コーナー自体の向きなど配置を変更する，テーブルクロスの色を変えるなど，大胆なイメージチェンジも必要である。

4．読ませる・考えさせる展示（参加型）

　誘導型の展示から一歩踏み込んで，読ませる・考えさせるための展示を，ここでは「参加型展示」と呼んでいる。クイズや投票などの課題や目標を設定し，ともすれば眺めるだけになるかもしれない本の内容を深く考えさせるための工夫や，1冊に限らず複数の本を読ませるための工夫を施した展示である。

　以下に，本校での実践例をいくつか紹介する。
（1）読めない言語の絵本を読ませる「想像翻訳コンテスト」

　300冊以上の諸外国語の絵本を展示し，表紙を眺めるに止まらせないための工夫として，1年生を対象に2017年に実施した。読めない言語の絵本でも，あらすじとイラストに深く思い巡らせることで，場面にあった日本語の文章が多数考案された。この取り組みの後，学校図書館では，書架の本を眺めるだけでなく，

手に取って開いてみる生徒が明らかに急増した。図書館を利用する習慣のない生徒の苦手意識を払拭する効果もあったと思われる。（使用図書：国立国会図書館国際子ども図書館提供「絵本で知る世界の国々─IFLAからのおくりもの」）

想像翻訳コンテスト（優秀作品を企画展期間中に掲示し，来場者の人気投票で受賞者を決定した

（2）難解な本に集中させる「ゲーム感覚」

　創立100年を越える本校では，創立当時に使われていたと思われる和綴じの漢文書籍をわずかではあるが所蔵している。学校図書館では，古い文献資料にも気軽に手をのばしてもらうべく，この古い書物を展示し，そこから特定のワードを探すクイズを出題している。

　多くの生徒は，現代の日本語以外の書籍に慣れておらず，抵抗感から読める本も読もうとしない傾向がある。"まちがいさがし"のようなゲーム感覚を取り入れることで，この抵抗感は和らげることができる。

（3）複数の本を読み比べる「DOG総選挙」

　干支やペットブームにあわせて行った。DOG（犬）が登場する本を展示し，複数の本を読み比べて「最も感動した」「他の人にも読んでほしい」1冊に投票させた。CAT総選挙（猫），OMG総選挙（Oh my GOD！　と叫びそうな本）等も同様である。

（4）言葉の意味を考える・語り合う「直観読み」

　人生訓や名言集の展示にあわせて紹介した，読書占いである。適当に開いた本のページの一部を見ないで指で示し，そこに書かれた文言があなたへの助言である，とする。自らの内面と向き合うことを勧めつつ，本への誘いとしている。

（5）難解な図書資料の理解を援ける「ワークショップ展示」

　本のテーマ展示に関連して，その内容に関係する体験学習を実施することで，生徒にとって難しかったり，面白みがないと思われるテーマ展示でも，理解を援けたり，興味をひくことができる。例えば次ページのようなワークショップである。

漢文書を開く生徒達

展示テーマ	ワークショップ内容
古典に親しむ	百人一首，貝あわせ，組香などの伝統文化体験。
海岸漂着ゴミ問題	海岸の砂から微小貝を探し，顕微鏡で観察する。
画像データのしくみ	アイロンビーズで，文字板作りや作画をする。
諸国の文化に触れる	硬貨の意匠を拓本に取り，観察する。（オリンピック特集）

（6）自身の未来を想像する展示「あなたの考える未来の図書館」

　展示は，本を並べるに限るものではない。本校で2018年7月に学校図書館の一般公開にあわせて開催した企画展では，「あなたの考える未来の図書館」と題して，図書館が備えたい12項目の提案をポスターで展示した。数年後数十年後に自分たちの暮らす町にどんな図書館があるとよいかを想像してみよう，と，よびかけ，よいと思われた提案には多くの投票シールが貼られた。この取り組みでは，生徒たちが学校図書館に抱いている率直な印象や期待を，雑談の中で話し合うことができ，その後の学校図書館運営に大きなヒントを得ることにもつながった。（使用資料：アカデミック・リソース・ガイド株式会社（2016）『LPG：Library Resorece Guide』別冊3号　p. 2-11）

5．作ることで読ませる展示（当事者型）

　学校には，多くの場合，図書委員，図書係と呼ばれる児童生徒がいる。本校では図書放送委員とよばれ，各学級から2名が選出され，学校図書館の企画や展示に協力している。主な活動は，全ての教職員に推薦原稿を依頼する「オススメBOOKリスト」の発行，テーマごとに3冊の本を入れた「本の福袋」や文庫本のタイトルをつなげて読む「BOOKS川柳」の選書，クリスマスやバレンタイン・デーなど季節展示コーナー作りである。これら生徒自身が製作に携わった展示は，係の生徒自身が自発的に広告塔となり，周辺の生徒とともに学校図書館に足を運ぶきっかけとなる。一方で，自分の選んだ本がなかなか貸し出されないまま残っていると気に病む生徒もいるので，指導者は状況により適切な対応を求められる。

> **POINT!** 展示は，利用者に対してその学校図書館がどのような場所であるかを雄弁に語る。展示を考える上で重要なポイントは，「誰に（対象者）」「どこで（場所）」「なにを（テーマ）」「なぜ（ねらい）」伝えるのか，ということをしっかりと想定することである。特に「対象者」や「ねらい」が曖昧な展示は，メッセージ性が薄くなり，結果として魅力に欠ける。加えて，展示には，見る者をわくわくさせる「期待感」が必要である。

❾ 学校図書館の利活用

生徒の思いを図書館で
～ライブ・イン・ライブラリー～

1．「ライブ・イン・ライブラリー」とは

「ライブ・イン・ライブラリー」（略してライブ・イン・ライブ「Live in Lib.」または「ライブ」）とは，生徒それぞれの興味・関心や思いを図書館で発表し，参加者と意見を交わす催しのこと。体験談やフィールドワーク報告など多彩に展開する。卒業生や地元大学関係者が専門分野についてレクチャーする場合もある。

い　　つ：放課後の時間帯。学校行事や定期考査，模擬試験の日程の合間に。30〜40分ほどが多い。15分程度を2〜3本立てや，1本で2時間のケースも

ど　こ　で：図書館の一角で行う。図書館は通常開館

誰　　　が：主に生徒。卒業生や地元大学からの発表者もある。参加者は生徒・教職員，同窓生，ときには保護者や地域住民の方も

な　に　を：身近な疑問や興味・関心をもとに自分の考えを。大人は専門分野を

どんなふうに：ひとり語り・対談，演劇風やプレゼンテーション形式など，自由に発表（表現）し，意見交換する。主催は図書局（生徒会活動の一つ）

2．経緯と目標

『「暗い」「自習室」という図書館の印象を，アクティブに変えたい。』

卒業生による図書館講演会の経験から，学校祭企画展示での図書局員の中間発表を発展させ，生徒自身による発表が日常的にできないか，と模索した。

様々なテーマを受け止め，フランクに開催し，ライブ感を生かす。

授業で教わった知識を広げ，深める。社会との関わりを主体的に思考する。

互いに刺激を受け合うことによって，生徒自身の意欲と能力を伸ばす。

生徒同士がそれぞれの関心事を共有・交流，議論することにより，相互理解と尊重が図られるのでは，という期待を込めて。

3．事例：第3回「複素数〜数の終着点」2014年7月16日

きっかけ：図書館のカウンターで，数学の本を繰り返し借りる3年生に，

司書が「数学って，……おもしろい？」と話しかけたことから

企 画 運 営：図書局が行う。人選，日程調整，準備（広報や機材），録画や写真で記録など

開 催 案 内：生徒会発行の「ミナミスト」による。「Live in Lib. 開催のお知らせ（図書局）発表者の3年K君より「今回のテーマは"複素数"ということで……アレですよ，二乗したらマイナス1になるとかなんとかいう"虚数"を組み込んだ数字のことです。（略）数Ⅲの複素数平面の分野で詳しくやる内容ではあるのですが，（略）そもそもなぜ虚数，もとい複素数というものを考えたのか。それを考えることによって何が起こるのか。方程式に解を与えられるようになる？　それは「数の終着点」，複素数の魅力のほんの一部にすぎません。もっといろいろな魅力にあふれているのです」（全校生徒に配布）

日　　　　時：7月16日（水）15:40～17:00

場　　　　所：図書館

持　ち　物：筆記用具

会 場 設 営：入り口から近い空間に，数式を書き出すためのホワイトボードを4枚準備。参加者が実際に計算やノートをとり考えられるよう，机を配した

参　加　者：40名超（男子生徒が9割。教職員3名）。交流終了時間19時

内　　　　容：自然数→整数→有理数→実数→複素数への数の流れと，複素数は数の終着点であること。複素数の演算の方法と，複素数平面のアイデアの説明をし，さらに発展として，複素数平面を一つの球に対応させる「リーマン球面」の説明へと続いた。最後にK君は「次回は関数です」と予想外の発言

ライブ報告：発表者K君の寄稿「講演は学年問わず，思ったより人が来ました。1年生にはやや難しい話もありましたが，"楽しかった""理解出来るようになりたい！"と続々と喜びの声が届き，僕は嬉しくてゾクゾクしました。この講演を機に複素数（ないし数学全体！）に興味を持ち深く学ぼ

熱心に耳を傾ける参加者

うと決心する人がいれば感無量。実は自分もまた数学の先生や数学好きの友人に感化されて深く学び始めたクチなのです。誰かの心に数学の灯火をともすには〈種火〉が必要。僕も先生や友人から受け継いだ。灯火を一層強めてくれるのが「本」です。図書館の数学コーナーに行ってみましょう」（図書局作成の図書館報「四面書架」第 27 号（2014 年 7 月 23 日発行）掲載）

参加者の感想：「学校で習う概念を工夫して，その一歩先，二歩先へと一気に世界を展開できる K 先輩はすごい。数学を学ぶ者として目標になった。数学のロマンを感じる」（1 年）

4．発表者のコメント（「ミナミスト」「四面書架」（図書局発行）より抜粋）

（1）第 7 回「S 兄弟，カンボジア・ミャンマーを行く」2 年
- 道内の高校生 10 人と 1 週間，カンボジアへのスタディツアーに参加し不発弾の爆破処理を見学したり，小学校で子どもたちと触れ合ったりしました。僕が見たカンボジアについて話します（兄）
- NPO 法人主催によるミャンマーでのボランティアに 1 週間行ってきました。子どもの教育や国際医療に関心がある人に有意義な時間になると思います（弟）

（2）第 8 回「源氏物語で上げる恋愛偏差値」（「古典の日」にちなんで）3 年
- 古典の勉強は順調ですか？古典の成績がなかなか上がらないと悩んでいる人も多いんじゃないでしょうか。実は私も模試の結果が返ってくるたびにぜぇぜぇハァハァ言ってます。そもそも，古典の成績とは①学力偏差値②恋愛偏差値の二つから構成されていると言っても過言ではありません。そこで！今回はそんな恋愛偏差値をフルで使う『源氏物語』をとおして，そのキャラクターを紹介していくとともに，すぐに使える恋愛の技術を学んでいきましょう！

（3）第 17 回「義男の Live in Lib.」『義男の空』（エアーダイブ刊）モデル・脳外科医
- 医療は生活の質を上げるものです。人間は A＝B ではないのだから，いろいろな角度で，本人をハッピー，幸せにすることが大切だと考えています。患者も家族もみんなハッピーに，です

(4) 第50回「私って，きょうだい児なんだよね。」3年
- 私たち高校生が大人になるころには，社会全体が障害のある人に優しい社会になってほしい

「きょうだい児って知っていますか」と語りかける

5．参加者の感想　（「四面書架」より抜粋）

(1) 第35回「任天堂社長岩田聡の原点を語る」同期生・北大教授
- 岩田さんが南高生だった頃，ゲームはほとんど普及していない。それでも岩田さんは，その当時から友達にゲームを遊んでもらったり，バグを修正するといった本格的な開発をしていた。新しいことに挑戦する積極性と他の人も楽しめるものを作る柔軟さを持ち合わせていたのだと思う（1年）

(2) 第37回「日本の未来を拓く国家公務員の仕事」同窓生・内閣官房内閣参事官
- 国家公務員として，組織の中で生きていくのは上司との人間関係などが影響して生きづらくないんですか。この質問に対し，「意見が良いものなら取り入れてもらえるし，足りないなら指摘されるから，やはり自分の技量しだいだよね」というような趣旨の返答をいただいた。その場では深くは追求できなかったが，もっとディープな内情を聞いてみたかったというのが僕の本音である（1年）

(3) 第38回「ボーカルマイノリティ～LGBTはここにいる」3年
- この言葉自体を知らなかったので参加してみた（1年）
- 話している人と聞いている人との距離が無く，キャッチボールができていた（2年）

6．図書局員の感想

- 南高には自分のアイディアを発信したい人，またそのような話を聞きたい人がたくさんいる。その両者の願いを満たすし，生徒同士で意見を共有することで，未知の世界に触れる喜びを感じることができる
- 図書館からいろいろなことを発信して，学校全体をいきいきした場所にしたいと思っていた。ライブ開催によっても図書館が学校全体の交流の場になっていると思う

7．タイトルリスト（一部）（項目内は開催順に記載）

全56回の開催日（全83タイトル），発表者のべ119人（2014年8月〜2019年3月）

【生徒】

アジアの高校生55人で環境問題を考える in OKINAWA（3年），日本とドイツの若い人の政治参加と政治意識〜選挙年齢引き下げにあたって（2年），光速の世界〜特殊相対性理論への招待（3年），もじたび―見学旅行で出会った文字（2年），5分間でわかる北海道の鉄道（2年），サラブレッドの血統論（2年），プログラムなしのゲーム作り（2年），私の3.11（2年，1年），「ひかるの碁」初級編（1年），VRってどんな技術？（1年），考えよう難民問題（3年）

【卒業生】

一冊の本ができるまで（作家・ジャーナリスト），わたしのアメリカ留学1年目（元図書局長），さけます so-called in Japanese.（さけます内水産試験場職員），映画おクジラさま〜ふたつの正義の物語（映画監督），がんゲノム医療（札幌医科大学教授）

【同窓会の人選】

世界は仕事で変わる 仕事で変える（南32期・日本IBM），世界のどこでも働けるグローバル人材とは（南19期・横河電機）

【大学教授からの要請】

読書会『武士道』―グローバルリーダーとは何か（北大大学院），国際機関で5年間働いて（北海学園大）

POINT!
- 人選は，生徒からの要望や教職員・同窓会からの紹介など協力態勢から。
- テーマは生徒自身が持っている。日常的な会話からそのありかを見つける。
- 参加は強制ではなく自由意志によるので，参加人数にこだわらないこと。
- 継続が大切。それが図書館の認知度を増していくことにもなる。
- 多彩なテーマでの交流から，思い込みや先入観に気付き，問い直すきっかけに。
- 学年や年齢を超えるフラットな場としての図書館。その機能を最大限生かす。
- 「全てのテーマは本に通ず」を念頭に，（学校）文化活動の一端を担う。

10　学校図書館に携わる教職員等／学校図書館の運営

アイデアあふれる読書活動と図書館活用授業の推進
～学校司書の活動～

1．はじめに

　島根県東部の中山間地域，雲南市掛合町は相撲や和太鼓等の伝統文化が息づく地である。雲南市立掛合小学校は，2007年に5校が統合して誕生した学校で，若い教職員も多く，熱心で丁寧な教育活動が展開されている。算数の校内研究が進められる中で，学習の基盤となる言語力育成の必要性が感じられ，学校図書館を活用する授業への関心が高まっていった。

　ここでは2017年4月に学校司書として赴任してからの取り組みを紹介したい。

2．教職員との連携

　学校図書館の活用を促進するには，教職員との連携が不可欠だ。本校では，図書館主任と学校司書が学校図書館の主な運営を担っている。図書館主任は学級担任で，ゆっくり話す時間が取りにくいが，年度初めには，じっくり運営について話し合った。学校図書館活用教育の研究校であった前任校の指導事例や学校司書の行ってきた読書推進のアイデア等を話し，本校児童の実態に合わせた運営計画を立案。全職員に示し，協力して実践していくこととなった。普段は，「学校司書との連絡ノート」に司書が業務記録や図書館での児童の様子等を書き，図書館主任がコメントを書くことで連携を図っている。短時間でも顔を合わせて話せるときは，図書館や教室での児童の様子を報告して喜び合う。労いの言葉が嬉しい。

　管理職や教職員とも情報共有を心掛けている。様々な場面で，図書館の活動を話題にすることで，理解が進み活用が促進されてきたと思う。4月には「教職員向け学校図書館利用案内」を配布し，「学校司書が支援できること」を伝えた。資料の提供以外にもブックトークや授業支援の項目も入れている。「学校図書館利用・授業支援申込書」も作成した。先生は記入後，学校司書の机上の箱に入れる。これを使えば先生は学校司書が不在でも連絡ができ，司書はおおまかな依頼内容を確認できる。詳細は後で話し合うが，この申込書は支援実績の記録にもなる。

3．親しみやすく機能的な学校図書館へ環境整備

　最初に，自作の図書館キャラクター「よむぞう＆本にむちゅう」のぬいぐるみを作った。児童と仲良くなるきっかけづくりに一役買い，彼らのイラストは様々

な場面で活躍している。詩を暗唱すると手描きのしおりを渡す「詩おりチャンス」，季節感を演出する掲示物作りやPOP作りは児童が参加できるようにしており，活動を楽しみに来館する児童が増えた。

「よむぞう&本にむちゅう」のぬいぐるみ

学校図書館活用を活発にする第一歩は，機能的に整備することだと考える。赴任後，児童の様子を見ていると「自分の好きな本はだいたいこの辺り」と覚えていて借りている印象があり，自分で元の書架に返せない児童もいた。「自分で探し，返せる学校図書館」にして，たくさん活用してほしいと感じた。

そこで，以下のようなところを改善したが，作業を始めると児童が興味津々で集まってきてたくさん手伝ってくれたので，思ったより早く整備ができた。

- 0類から順番に並べる→0類から順に並んでおらず探しにくく，並べ替えた。
- 9類の本に，背ラベル以外の識別シールを貼付→絵本は題名順，文学は作家順に並んでいたが，作家名が読めない低学年のことも考慮して，絵本は●，文学は■の色別シールを貼った（「ア行で始まるものは，ピンク」など）。「外国の作品」は，シールの中に「外」の文字を書く。色で分かるので，間違えずに返せるようになり，間違えて返されていても元に戻しやすい。
- 文学の書架を整理→日本と外国の作家のものが混在していたので，分けた。シリーズになっているものが別置されていたが，作家名の流れに入れた。
- 分類記号の間違いや違う分類で採ったほうが利用しやすいものを修正→科学絵本は，書誌では「絵本E」だが主題の分類で採ることにした。他にも迷う配架があったが，「活用のしやすさ」を考慮して分類の修正や配架替えを行った。
- NDC一覧表，書架表示，見出し板をリニューアル→統一感を持たせ，「分類記号は，本の住所」と教えたいので，表示は，「家の形」にした。屋根に類目，壁に網目を記入したものをパソコンで作成。データを作っておくと，違う学校でも使えて便利である。網目は，「米作り」等学習に関わる言葉も入れ，低学年がよく利用する「むし」「のりもの」等はひらがな表記にした。NDC一覧表→書架表示→見出し板の3ステップで探すように教えると，自分で求める本を探す姿が見られるように

NDC一覧表→書架表示→見出し板の3ステップで探す

なった。

4．読書推進の取り組み

　読書推進の核となる「学年別おすすめリスト」の見直しを行った。「物語の醍醐味を味わえる読み継がれてきた児童書，読み易い日本の作品ばかりでなく，外国の作品こそ薦めたい。様々な分類からも……。」と考えに考えた。初年度は入れたいのに所蔵がない本もあったが，各学年30冊の「よむぞうリスト」を選書した。

　A3見開きの「読書ファイル」を作って取り組む。読書推進のオリエンテーションを行って，取り組み方を説明したが，1年目，読書力を要する本は，なかなか手に取られず，先生から「うちの児童には難しいのでは」という声も聞こえてきた。

　今年度，図書館主任と改善策を練り，「本の世界を冒険しよう」を合言葉に，ストーリー仕立てで取り組ませることにした。「君は，本の世界の冒険者。おすすめ本のリストを読めば，想像力という魔法の力を手に入れることができる。リスト本の読書のあしあとを書けば，パズルピースを集め魔法使いヨムーンを召喚することができる。また，リスト以外の読書のあしあとを書けば，冒険仲間のシールをもらい，本を読まない魔物ヨマーンを倒すことができる」というもの。

　学年相応の本が難しい児童は，他学年の本を読んでもよいとして取り組みを始めると「魔法使いヨムーンが見たい！」とやる気を持って取り組む児童が増えた。この取り組みのよさは，読書ファイルを見せに来るので読書の様子が把握でき，褒めたり，共感したりと声掛けができることだ。中には読みの浅い児童もいるので，励まし，一緒に読むこともある。読む力はすぐにはつかないが，読む喜びを感じてほしい。

　学期に一度「よむぞう週間（読書週間）」を設け，学期ごとに「読書の量・質・幅の向上」をめあてにして取り組む。期間中，各学年へテーマを決めてブックトークを行うが，紹介した本はすぐに借りられる。リストの本を意識して入れて紹介すると「そんなに面白い本だったとは」と驚く児童もいる。2学期には，各学年にストーリーテリングも行う。耳で聞くお話を楽しみにしている児童も多く，想像力を育む一助となっている。

　「全員が一気に」ということは難しいが，様々な読書推進の取り組みを仕組んでいることは，徐々に「読む力」の底上げにつながり，借りる本が変わってきた。

5．学校図書館活用授業の推進と授業支援

　図書館活用授業を推進するのに「情報活用能力を育てるための指導体系表」と

「学校図書館活用教育年間指導計画」は，必須である。前任校で作成した年間計画は，単元名だけでなく指導例や学校司書の支援例も入れている。これを「学年別打診表」にして，今年度案を検討してもらった。若い先生から「どう活用したらよいか分からなかったが，この年間指導計画は参考になる」という声が聞かれた。計画に従い授業プランを持って支援の相談に来られると，図書館保管の前年度の学習の成果物や使えそうな資料を見せ，指導に役立ててもらっている。

「調べ学習の流れが分かるものがほしい」という要望もあり，「課題設定→情報収集→情報整理→まとめ→発表」の各ステップで行う内容を絵で表した「しらベールさんの調べ学習のてびき」を作成した。思考ツールの使用例も入れている。リーフレットにして3年生以上の児童に渡し，図書館には大判にして掲示した。先生が探究学習の流れを把握し，指導計画を立てるのにも役立つと好評である。

授業支援として，資料提供はもちろん，図書リスト，パスファインダー，郷土の伝説や郷土ゆかりの人物の紹介紙芝居の作成やファイル資料の整備も行っている。課題を作る際，基礎知識がないとテーマが広がらないので，調べられる資料を紹介し課題づくりを支援することもある。教室に資料を運んでの授業には，NDC一覧表を持っていき，図書館ではどこにある資料なのかを確認させている。個人差に対応した資料を提供できるのも授業に積極的に関われているからだと思う。昨年度の授業支援は123時間。授業での図書館活用が増え，意欲的に調べる児童の姿が見られるようになった。

6．おわりに

取り組みの様子は，年間約20号発行の図書館通信を作成し，家庭にも発信している。今後，本校の利活用のさらなる推進に加え，書庫の整理や学校司書が変わっても同じ整備がしていけるようなマニュアルの作成も行いたい。研究校でもなんでもない学校の小さな実践ではあるが，どこか参考になれば幸いである。

> **POINT!** 年間勤務時数は950時間と少ない。年間の仕事を見通し，優先順位をつける。先生と連携し最初にしっかり計画を練る。利活用を促進し無理なく続けられる仕組みを作れば，あとが楽。取り組みのネーミングもポイント。分かりやすく，インパクトがあり，ワクワクするようなものを考えた。絵を活用して伝える，児童が参加できる場面を多く設ける，取り組みを通信で発信する，参考になるものを提示し授業作りに貢献する等を心掛けている。

11　学校図書館の利活用／学校図書館の施設／特別支援学校の図書館

自由に利用できる居心地のよい環境づくり
～特別支援学校の図書館運営（知的障害）～

1．はじめに

　特別支援学校の学校図書館（特に知的障害を対象とした）に関しては，その施設や設備，蔵書冊数，人的配置や予算配当などが著しく不足していることが全国調査からも明らかとなっている。長野県も例外ではなく，児童生徒数の増加等の理由から教室に転用されたり，他のスペースと兼用されたりするケースがある。また，学校司書の配置がなく，学校図書館の管理・運営を校務分掌の係が担うことが多く，専門的な知識や技術の面でも大きな課題がある。

　本校もそのような状況に置かれる特別支援学校の一つであるが，学校目標である「自分から　自分で　精いっぱい」の子供たちを支えるための学校図書館を目指し，できることを見つけ工夫しながら取り組みを続けている。以下，本校の事例を紹介する。

2．伊那養護学校　"学校図書館"の整備

　本校は，長野県南部の伊那市にある知的障害特別支援学校である。1966年4月に開校し，長野県における特別支援教育の地域化推進の中，小中高の各部に分教室が設置され，「地域の子は地域で」の願いのもと，全ての出身市町村に「副学籍」制度が整い，地域のセンター的機能を担っている。2018年現在は小学部53人，中学部52人，高等部89人，分教室34人（小中高合わせて）の計228人の児童生徒が在籍している。本校は，開校当時から専用の施設や部屋としての学校図書館がなく，各部各教室，廊下，相談室，寄宿舎プレイルーム等の片隅にそれぞれ設置された本棚を合わせて「学校図書館」としていた。活動場所に本棚があると子供と本の距離が近く，手に取りやすいというよさがある。一方で，あちこちに本棚が点在しているため，どこにどんな本があるのか，どこに返すのかが分かりにくく，本棚が雑然とした状態になっていた。その結果，本棚を利用する子供たちが減り，学校図書館が機能していないという悪循環が生まれていた。そのような状態を何とかしようと，平成27年度の教室配置の際，バラバラに配置されていた図書資料を一つの部屋に集め，幅広い生活年齢の，様々な障害特性や発達段階の子供たちにとって分かりやすく，より本に親しめる環境づくりを目標に学校図書館を整備することになった。

（１）"学校図書館"を位置付けるための工夫
　学校図書館を整備するにあたり，子供たちの実態に合わせ，どのような工夫ができるか，以下の５つの観点で検討し進めていった。
①全ての児童生徒にとって分かりやすく居心地のよい環境づくり
　・登校から下校まで，好きなときに自由に利用できるよう"施錠しない"
　・教室とは違う，くつろげる心落ちつく環境にするための"雰囲気づくり"
　・分かりやすく，利用しやすい環境にするための"見える化"
　・毎日の生活の中で知識や情報に触れられるように"チラ見チラ読"
　・将来の社会生活につながる視点で整備する"図書分類"

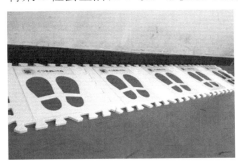
どこに靴を置いたらいいのか，見て分かる。分かると自分でできる。できると嬉しい

チラ見チラ読でいろいろな知識や情報に触れることのできる機会をつくる

②予算の確保
　・年度初めに年間の図書整備に必要な物品の一覧を作成し予算を確保する。
　・計画的に本等の資料を購入できるよう，部ごとの購入リストを作成する。
③貸出の方法
　・長野県の特別支援学校の学校図書館にはバーコード処理による貸し出しシステムが導入されていない。文字の読み書きが難しい児童生徒も自分で本を借りられること，プライバシー保護の視点から，カード式の貸し出しシステムを整備する。また，学校司書の配置がないため，図書館整備やカード式の貸し出しシステムに必要な作業の一部を高等部の生徒会活動へ組み込み実施する。
④教職員へのアプローチ
　・教職員の"専門書に関する情報がほしい"というニーズに対し，教職員向けの専門書ライブラリーの計画と運営を実施する。
　・児童生徒にとって身近な存在である教職員によるお話会を計画し実施する。また，"先生のおすすめ本の紹介"など，全教職員が関わる仕組みを作ることで，教職員の学校図書館に対する意識を高める。

⑤外部との連携（地域の読み聞かせグループ，市立図書館，外部諸団体）
　・地域の読み聞かせグループによるお話会の計画と実施。（小中高，寄宿舎）
　・市立図書館の団体貸出を利活用する。（寄宿舎生徒の余暇活動の充実）
　・市立図書館分室（公民館内）を利活用する。
　・学校便り等を通して地域の方々へ図書館整備の情報を発信する。
　・副学籍校や分教室設置校の学校図書館を利用する。

（2）児童生徒の学校図書館利用の様子から

　専用の部屋としての学校図書館が開設されたことで，学校生活の日課として位置付き，見通しを持って図書館を利用し本と関わる姿がみられるようになっていきている。個々の児童生徒の様子の一部を紹介する。

①中学部Aさん

　教職員やボランティアの読み聞かせの姿を見て，自分でもやってみたいという願いを持ったAさん。図書館で紙芝居を読むことから少しずつ活動が広がった。

②大好きな先生の読み聞かせ会

　日常の日課の中でいつも近くにいる教職員が読み聞かせをすることで，見通しを持ち，安心して楽しむことができる。

支援室の先生たちに僕が紙芝居を読んであげるよ！セリフは全部覚えているんだよ！せーの！

　読み聞かせ会のお知らせは，先生の顔写真入りのポスターやVOCA（音声を出力するコミュニケーション機器）等を使い，子供たちに分かるように伝える工夫をしている。

　上記に挙げたのはほんの一例だが，子供たちはそれぞれ自分なりの楽しみ方を見つけ，本に親しんでいる。また，本を楽しむ以外にも，大勢の人

部をこえて、みんなで楽しむよ

がいる場所が苦手，静かな場所を好む等の児童生徒が心を落ち着ける居場所として図書館を利用する姿もある。一方で，特別なニーズに応じたメディアに関してはその種類や数もまだまだ十分ではない現実があり，今後の課題となっている。

4．まとめ

　本校の子供たちの姿からも，全ての子供たちが「見たい！」「知りたい！」「聞きたい！」「読みたい！」「楽しみたい！」という願いを持っているということを強く感じる。また，障害があることが本を楽しむことや図書館を利用することの

妨げになることは決してない。本校の学校図書館は，子供たちや教職員が自由に，自分なりの楽しみ方で過ごせる場であり，読み聞かせボランティアや市立図書館など学校以外の人・モノ・コトが行きかう場にもなってきている。まさしく，人・モノ・コトをつなぎ多様性を包み込むことができる，特別支援学校にこそ必要な場所であると思う。

　初めに触れたように，特別支援学校の学校図書館は，施設や設備，人的配置などまだまだ十分ではない現状があり，その課題は簡単に解決できるものではない。しかし，その場所を大事に想い，可能性を信じる人の手によってできることはたくさんある。また，人・モノ・コトをつなぐことでその可能性はさらに広がる。この"つなぐ"という視点には，特別支援学校のセンター的機能という学校の強みを生かし，脆弱な学校図書館の現状を補うこと，特別支援学校の具体的な実践が社会の中のみんなが使いやすい図書館へとつながることへの期待が含まれる。

　そのような認識を全教職員が持ち，特別支援学校の学校図書館利活用の実践を積み重ねていきたい。

【参考資料】
・長野県教育委員会「特別支援学校児童生徒数の推移」
・野口武悟編著（2010）『一人ひとりの読書を支える学校図書館： 特別支援教育から見えてくるニーズとサポート』読書工房
・佐藤聖一著（2015）『1からわかる図書館の障害者サービス：誰もが使える図書館を目指して』学文社
・野口武悟，成松一郎編著（2015）『多様性と出会う学校図書館：一人ひとりの自立を支える合理的配慮へのアプローチ』読書工房

編者のひとりごと：「ここがいいね！」
○利用法が見て理解できるような「見える化」の工夫。（例：靴置き場）
○職員によるお話会や本の紹介など，全職員が関わる仕組みづくり。

12 学校図書館の利活用／特別支援学校の図書館　　小学　中学　高校　特支　公共　教委

障害の特性に応じた読書活動の推進
～特別支援学校の図書館運営（肢体不自由・病弱）～

1．肢体不自由特別支援学校の学校図書館運営

　「特別支援学校」は，小学校や中学校と同じように学校教育基本法が定める，校種の一つである。小学校・中学校・高等学校に通学する児童生徒たちが必要とする教育内容と同じように，特別支援学校も障害の特性に応じた内容を学ぶ学校である。文部科学省が示す「学習指導要領」に沿った教育課程を各学校が作成し，日々の学習を進めている。新学習指導要領では，特別支援学校も学校図書館を利用した学習を展開し，学習の中核になることが記されている。

　特別支援学校は，障害によって教育内容や必要な支援が異なるため，種別に分かれている。見えにくさや視覚的に障害がある児童生徒には，視覚障害特別支援学校（盲学校）。聞きにくさがある児童生徒には，聴覚障害特別支援学校（ろう学校）。知的障害特別支援学校や肢体不自由特別支援学校，病気やケガ等により，継続して医療や生活上の必要な配慮を継続していく病弱特別支援学校がある。児童生徒の特性に合わせた学習を日々積み重ねている。当然，学校図書館の蔵書内容や期待する読書活動も異なる。

　東京都立墨東特別支援学校は，肢体不自由教育部門と病弱教育部門の2つの教育部門からなる特別支援学校である。ここでは，肢体不自由教育部門の学校図書館と児童生徒の聴く力・観る力を伸ばしている読書活動について4つ紹介する。

2．本がある環境づくり

　私が司書教諭として赴任したときの学校図書館は高等部の生徒たちが主に利用する3階にあり，図書館の半分は，高等部の教室になり気軽に図書館に入れる環境ではなかった。小学部の児童は入り口で「入ってもいいですか？」と聞いている様子が印象に残っている。教室として使っている生徒たちに「出て行ってください」と言える状況ではなかった。そこで，誰でもが気軽に本が手に取れる廊下に図書コーナーを作ることにした。1階廊下は絵本や紙芝居・2階廊下にはヤングアダルトや職業に関する本・マンガなどを置くようにした。各階とも立ち寄りたくなるような季節の装飾や休憩できるベンチを置いた。借りるだけではなく，歩行練習中に立ち寄って絵本を読んだり，気分転換や気持ちを落ち着かせたりする場所になった。とにかく，児童生徒たちにとって身近な場所に本がある環境を

つくることを目指した。そして，翌年には1階に1教室全てが図書館として利用できる教室を割り当ててもらった。車いす同士でもぶつからずに移動でき，様々な発達段階に合った図書を揃えることを目標に整備し，児童生徒にとってはなくてはならない場所づくりを心掛けた。現在も利用しやすい環境づくりを進めている。

絵本を中心にした1階図書コーナー

3．読書活動の柱　お話しボランティア「うさぎ」の活動

　教室でお話し会を行う本校専属有償ボランティアのお話しグループ「うさぎ」のみなさん4名が活動している。1回の来校に2名がペアになり，たくさんの本や紙芝居などを持って各教室でお話し会を行って7年目を迎えた。教員からのリクエストを受け児童生徒にあった内容でたっぷりとお話しの世界に浸る時間になっている。

　障害が重い児童生徒へのお話し会を展開するには，教員からの情報が手掛かりになる。今まで学習してきたこと，読んできた絵本，好きなフレーズなど「うさぎ」のメンバーに伝えることで，プログラムの幅が広がり，絵本の種類が増えている。お互いが共有理解できたことで有意義なお話し会になってきている。

　「うさぎ」のメンバーからは，毎月お話し会を実施している学習グループは，絵本のページが変わるたびに表情を変え，よく観ようと視線を動かしている児童生徒が増えてきたこと。「見る」から「観る」へ，「聞く」から「聴く」へと成長していること。これらの報告を後日の感想で聞くことが多くなっている。

　また，教員が学習のヒントを得られることも少なくない。現在「うさぎ」の来校日が決まると希望が多くて，調整するのが大変なほどの大盛況である。

4．学校図書館支援員の導入

　東京都立の特別支援学校には，学校図書館司書制度は導入されていない。司書教諭の任命はあるが，空き時間がほとんど取れない。児童生徒が下校するまで，教員は授業を担当することが多いため図書館運営に時間を費やすことが難しい状況である。

　読書教育に力を入れる本校は，学校長が示した「学校経営計画」を元に本校独自の予算で，「学校図書館支援員」を導入することができた。本格的な導入をして2年目である。勤務形態は，月に3回程度，1回に付き4時間（午前の場合9:00～13:00　午後の場合13:00～17:00）の勤務である。若干報償費が支給される

が実質ボランティアである。来てくださる図書館支援員は，公共図書館の司書で，経験豊富な方である。児童・ヤングアダルトサービスや障害者サービスも担当していた。本校での業務内容は図書館の環境整備，選書，データ入力，教室での本の紹介などである。2018年7月夏休みに入る前に，児童の実態に合った「本の福袋」を作ってくれた。保護者からは「毎晩少しずつ読みます」と嬉しい感想が返ってきた。他の保護者からは図書館支援員宛に手紙も届いた。また，何よりも図書館に「人」がいることで，入りたくなる気持ちにもなり，授業で使いたい本を尋ねに来る教員も増えてきた。資料がないときは，区の図書館から団体貸し出しをするためのリストなども作成していただいている。

　どんなに少ない報償費でも，学校長が認めなければ実現できなかったことである。

図書館支援員による本の紹介

5．教職員の研修

　本校は，教員の他に学校介護職員と一緒に授業をつくり，児童生徒の指導をしている。本校の取り組みを共有し，さらに，活用していくことや新しい学習指導要領の「主体的で深い学び」のヒントになるように，本校専属のお話しボランティア「うさぎ」と図書館支援員を講師として春・夏季休業日中に研修を行った。主催は，教務主幹教諭である。

　どんなに重度といわれる児童生徒でも「ことば」を伝えることの意味や大切さがあること，お話し会によって学んだことを「うさぎ」のメンバーから講演してもらった。また，児童生徒が好きな本や紙芝居の紹介・手遊びなどの実演があり，全体がお話し会の雰囲気になり，学習のヒントを得ることもできた。

　図書館支援員からは，「学習に使いたい本などを少し早めに伝えてもらえると，本を探して，提供することができる」ことを今までの例を挙げながら研修を進めていった。講演の最後では，江東区立の図書館職員からテーマを出してくれれば，本の貸し出しができること。その際，車での配達・返却もできることを伝えていただいた。

　夏季休業日後，区の図書館への団体貸し出しの依頼が増えた。現在は，月に1回は本の配達がある。他の施設とつながることで，学習の幅が増え，豊かな学びになっていくことを実感した。

　本校の学校図書館の予算は，決して多くはない。区から貸し出しを受けること

で，調べる本やシリーズで読みたい絵本などを教室で楽しむことができることに学校全体が気付くことができた研修となった。

6．おわりに

　以上が本校の大きな4つの取り組みである。「情報センター機能」についてはまだ，報告できるほど取り組みが進んでないため，今後の課題である。

　児童生徒のニーズ合わせた本や資料を手渡すことにより，今まで以上に学習が広がって行く可能性を感じている。しかし，児童生徒にとって使える学校図書館にするためには，学校長をはじめ教職員全体の協力なしでは無理である。今後も児童生徒・教職員の声を聴きながら，人がいて，肢体不自由特別支援学校のニーズに合った学校図書館にしていきたい。

(POINT!) 本がある環境を特別につくるのではなく，今ある環境でできることを少しずつ実践することがポイント。子供は本の楽しさを知ると，自然と本を開き，楽しむ時間が増える。よい環境づくりは，他の先生たちにも伝わり，本がある環境が学校全体でできると考える。様々な方（管理職，事務の方などなど）を味方にして，学校全体で取り組む大きなポイントだ。

編者のひとりごと：「ここがいいね！」
　○障害が重い児童生徒へのお話し会のために，児童生徒が今まで学習してきたことや読んできた絵本，好きなフレーズなどをお話しボランティアに伝えることでプログラムの幅が広がり絵本の種類が増える。
　○本校独自の予算で（報償費は若干であるが）「学校図書館支援員」を導入できたのは，学校長の決定によるものであった。
　○教務主幹教諭の主催で，お話しボランティアと学校図書館支援員，区立図書館員を講師として研修を行い，学習のヒントを得た。

13 学校図書館の利活用／特別支援学校の図書館

将来を見通した情報活用能力の育成
～特別支援学校の図書館運営（視覚障害）～

1．はじめに

　東京都立文京盲学校は普通科と職業課程である専攻科からなる高等部単独の盲学校である。視覚障害は「情報障害」ともいわれ，盲学校において情報活用能力の育成は普通校以上に重要な課題である。殊に普通科の生徒は，大学進学や就職など卒業後の生活に向けて情報活用能力を身に付けていく必要がある。本稿では，高等部普通科における学校図書館を活用した授業による情報活用能力の育成についての実践事例を紹介する。また，盲学校図書館の様々な資料媒体という観点から，マルチメディアDAISYとLLブックの活用の可能性についても述べる。

2．学校図書館を活用した授業の実践

（1）授業のねらいと内容

　自立活動の授業で，視覚障害教育の歴史についての調べ学習を行った。対象は，普通科1年生から3年生までの普通学級の22名である。

　インターネットを使って，内容をよく理解しないままの引用で終わらせないよう，必ず複数の資料を使い，できるだけ本を読むことを条件とした。そのためにまず，点字の発明について2種類の資料を読み比べ，「調べたこと」と「考察」を分けてまとめる練習を行った。目次の活用についても伝えた。

　その後，「文京盲学校の歴史」，「点字の歴史」，「視覚障害者の職業の歴史」，「弱視教育の歴史」のテーマで4グループに分かれた。今回は資料の入手方法を身に付け，確実に読んでほしかったので，使用する資料（図表1）は指定した。資料は普通文字，点字，音声という三つの媒体が全て揃うわけではない。学校図書館にあるものは探して借りる（表中では●，以下同じ）。普通文字の資料で学校にないものは文京区立図書館のホームページで検索して所蔵を確認し，団体貸し出しを受ける（○）。点字図書，音訳図書についてはサピエ図書館で検索してダウンロードする（サ）。出版されているものや，データがないものは，学校図書館が窓口となって館間貸し出しを受ける（◎）。締め切りまでにレポートを作成するには取り寄せの時間を考える必要があることも，今回経験してほしいことの一つであった。

　②の点字の発明者ルイ・ブライユについての資料は，どの媒体でも入手しやす

い。しかし、①の点字以前の文字については、点字使用者に分かりやすい資料が少なく、普通文字と盲学校のホームページを指定した（HP）。ホームページも画像が中心で、音声だけでは分かりにくい。全盲の生徒が担当なら、弱視の生徒とペアで取り組む必要がある。また、点字の資料しかないものもあり、グループの中で分担の工夫や協力も必要になる。

なお、レポートの書き方や調べ方の指導の際、東京都立高等学校学校司書会ラーニングスキルガイドプロジェクト編集『ラーニングスキルガイド ～レポート作成編～』（東京都立高等学校司書会発行、2018）を参照した。

グループ２　点字の歴史について

点字の歴史を学び、IT時代における点字とのかかわりについて考えよう。
話し合いのテーマ：視覚障害者と点字の関わりはどうなっていくのか

質問と資料名	普通文字	点字	音声
①点字が発明されるまでに、どのような文字が作られたか			
鈴木力二『図説盲教育史事典』	●		
筑波大学附属視覚支援学校ＨＰ	HP		HP
京都府立盲学校ＨＰ	HP		HP
②ルイ・ブライユの一生はどのようなものであったか	●	サ	サ
迎夏生『ルイ・ブライユ』、新井隆広『ルイ・ブライユ』、	○	○	○
山本徳造『ルイ・ブライユ』、ビバリー・バーチ『ブライユ』など、多数あり			
③日本の点字はどのようにつくられたか			
小倉明『闇を照らす六つの星』、	●	サ	サ
鈴木力二『日本点字の父　石川倉次先生伝』		サ	サ
永嶋まつ子『石川倉次物語』		サ	○
高橋昌巳監修『ルイ・ブライユと点字をつくった人びと』	●	○	○
山口芳夫『日本点字への道』		○	○
④「Ａ　ア　⊞(点字のあ)」、触って読みやすい文字はどれ？			
（資料を実際に触って検討）			
⑤点字のメリット、デメリットとは？			
（④をもとに、自分たちの経験から考える）			
⑥視覚障害者用の音声装置付きワープロが開発されたのはいつ？			
田中良太『ワープロが社会を変える』	●	○	
高知システムＨＰ	HP		HP

図表１　自立活動の授業「視覚障害教育の歴史」で使用した資料の一部

(2) 生徒たちの様子から

　まず，レポートの「調べたこと」と「考察」，あるいは「考察」と「感想」の区別が難しかった。公共図書館の蔵書検索はほとんどの生徒が未経験であった。サピエ図書館はすでに利用している生徒もいて，この機会に自分のブレイルセンス（点字電子手帳）に点字データをダウンロードして活用することができた。検索した資料が入手できると嬉しそうな表情を見せる生徒がいる一方，「待ち時間」があることを感じた生徒もあった。今回は資料を指定したが，所蔵検索や本棚から探すだけでも時間がかかった。大学生になれば資料を選ぶところから自分でしなければならない。

　入手した資料を読みこなすことも大変そうであった。日頃本を読む機会が少ないことも一因だろうが，これは視覚障害者に限らない。本を読んで考える機会を意識的につくっていかなければならないと感じた。今回のように調べ学習で図書館を使うと，ついでに他の本も借りていくという波及効果もみられたので，図書館に足を運ぶ機会を増やすこともよいだろう。インターネット検索には慣れているが，そこから必要な情報を取り出したり，データを読み取ったりすることに苦労している生徒が多かった。

　普通文字の資料しかないときに活用してほしいのが対面朗読である。人の目を借りて情報を入手することも大切な力である。その際に全て相手に任せず，どこを読んでもらうかの判断は自分で行うべきことである。本の構成，目次や索引の使い方を理解しておくことが必要になる。今回は体験できなかったが機会をつくりたい。居住地域の公共図書館での利用も勧めたい。

(3) 公共図書館に期待するもの

　今回の活動を支えてくれたのは，地域の文京区立水道橋図書館である。盲学校図書館の蔵書だけでは十分な調べ学習は難しい。図書館の方は，貸し出しを依頼した資料だけでなく，テーマに沿った他の資料も持ってきてくださった。

　公共図書館の職員の方から，「点字図書の所蔵がなく，視覚障害者サービスができずに申し訳ない」と言われることがあるが，公共図書館に期待することは，豊富な普通文字の図書やCDなどの資料の利用と，レファレンスツールを活用した専門性の高いレファレンスである。総合的な学習の調べ学習でレソト王国について調べたときにも，大変お世話になった。資料が少ない中，レソトについて少しでも記述のあるものを10点挙げ，書名やページをファックスしてくださったのだ。生徒たちは図書館に出向いて，必要な資料を借りることができた。

　また，知的障害のある一人の生徒の好みや実態を伝えて相談し，学級文庫として定期的に10冊程度の団体貸し出しを受けることも始めた。本校は高等部単独

校で絵本ややさしい本の蔵書が少ないため，とてもありがたいサービスである。
　このような関係が作られた要因の一つに，視覚障害教育を理解しようとする職員の方の姿勢があるように思う。学校公開にも参加され，今回も図書館の資料が実際にどう活用されているかを知りたいと，発表会に足を運んでくださった。

3．マルチメディア DAISY と LL ブック

　最後に，マルチメディア DAISY と LL ブックの活用事例を紹介する。画像とテキスト，音声が同期するマルチメディア DAISY は，学習障害のある人に有効とされるが，盲学校にも弱視で比較的視力が使え，知的障害や学習障害がある生徒がいる。このような生徒は，文字の読み書きができても，一人で本を読み通すことは難しい。マルチメディア DAISY は，このような生徒の読書の幅を広げる可能性を持つものだ。
　また，これらの生徒たちが一人で読み通せる本は，生活年齢に合わないものが多い。自分たちが関心の持てる内容を，やさしく分かりやすい言葉で読みたいというニーズに応えて，少しずつ増えているのが LL ブックである。
　『赤いハイヒール～ある愛のものがたり～』（ロッタ・ソールセン，（財）日本障害者リハビリテーション協会発行）はマルチメディア DAISY 付きの LL ブックで，両方のよい点を備えている。この本を知的障害のある弱視の高校2，3年生の女子生徒たちと読んだ。主人公は知的障害がある，働く若い女性のアンネリーで，生徒たちにとって近い存在だ。生徒たちは反転する文字を追い，音声と文字で内容をよく理解して楽しんでいた。そして，恋をし，お母さんが選んだヒールのない靴ではなく，素敵な赤いハイヒールを自分の意志で買いに行こうとする場面では，「アンネリー，がんばれ！」「負けるな，アンネリー！」と画面に向かって声援を送った。
　共感できる内容が，分かりやすい表現で書かれ，読みやすい媒体で提供されれば，知的障害や学習障害のある生徒たちも豊かに世界を広げていくことができることを感じさせてくれた場面であった。

4．課題

　盲学校図書館の抱える課題は，予算の不足や蔵書整理など様々あるが，最大の課題は人的な配置であると考える。本校には学校司書は配置されておらず，図書館の運営は生活指導部の係が他の様々な校務のかたわらで担当している。司書教諭は置かれているが，授業軽減等もなく十分な役割を果たせていない。上述したような図書館活動を行うには，資料収集，蔵書整理，点字や音訳図書の製作，公

共図書館や点字図書館，ボランティアとの連絡調整，生徒指導，教材作成，他の教員への助言，常時開館など，様々な仕事が必要である。学校図書館の利活用を進めるためには，専門的かつ専任の人の存在が不可欠である。

　LLブックやマルチメディアDAISYについては出版の点数がまだまだ少なく，今後の充実がまたれる。

5．おわりに

　様々な情報があふれる現代社会において，必要な情報を的確に入手することは重要な力である。そのためには，視覚障害者は普通文字，点字，音声，データなど，様々な媒体の資料を使い分けることも必要である。また，点字・音訳図書のデータベースであるサピエ図書館や点字図書館の利用だけでなく，公共図書館を活用することで情報量は大きく増える。高等部卒業までに図書館の活用法を身に付け，大学進学後の大学図書館の利用へもつなげていきたい。

　また，視覚障害と，知的障害や発達障害を持つ人たちにも，LLブックやマルチメディアDAISY図書の利用方法を知ることで，生涯にわたっての情報入手の手段を増やし，読書の楽しみのある生活を送ってほしい。学校生活の様々な場面で図書館を活用する機会を作り，知る喜びや本を読んで考える体験をしながら，情報活用能力を身に付けていけるよう支援していきたい。

POINT!
「情報障害」ともいわれる視覚障害者にとって，必要な情報を的確に入手して活用する情報活用能力を身に付けることは重要である。盲学校でも学校図書館を活用した授業を行い，情報活用能力の育成に取り組んでいる。盲学校での図書館活動において，点字図書館，公共図書館，サピエ図書館，ボランティアとの連携も不可欠である。また，生徒の様々な実態に応じてマルチメディアDAISYやLLブックも活用していきたい。

小学 中学 高校 特支 公共 教委

14　学校図書館における図書館資料／学校図書館の利活用／特別支援学校の図書館

全ての人に読書の楽しみを
～LLブック～

1．はじめに

　2016年11月に通知された学校図書館ガイドラインでは、「児童生徒一人一人の教育的ニーズに応じた様々な形態の図書館資料を充実するよう努めることが望ましい。例えば、点字図書、音声図書、拡大文字図書、LLブック、マルチメディアデイジー図書……」と書かれている。2年経った現在、LLブックは、どの程度教員や児童生徒に知られているだろうか、また学校に所蔵され読まれているだろうか。

　本稿では、学校図書館や授業の中での利用と普及を進めるために、LLブックとはどのような本なのか、学校教育の中でどのように利用できるのかについて紹介する。

2．LLブックとは

　LLブックのLLとは、スウェーデン語のLättlästの省略で、英語では"easy-to-read"、日本語では「やさしく読める」という意味を表す。知的障害や自閉症、読み書き障害などの障害や高齢者、移住などにより居住する国と母語が違うなどの理由で一般の書籍を読むことが難しい人たちが、読書の楽しみや必要な情報を得ることができるように、分かりやすく読みやすく書かれた本である。1960年代にノーマライゼーションの理念のもとで、全ての人に読書を保障する政策の1つとしてスウェーデンで始まった出版物である。スウェーデンでは現在MTM（MYNDIGHETEN FÖR TILLGÄNGLIGA MEDIER、アクセシブルなメディア機関）という国の省庁で年間約30冊のLLブックが国家予算で出版されている。

　LLブックの主な対象となる知的障害の人たちの中には、文字が読めない人や読めても内容の理解が難しい人が多い。また、加齢にともなって、発達年齢が上がっていかないため、生活年齢に合う読みたい本と読める本の差が開いていく。生活年齢が17歳であっても知的年齢が4歳であると、通常の青年が読める本は読めないという問題が起こる。4歳の子供たちが読む絵本であれば、ひらがなが読めて内容も理解できるのであるが、17歳までに生活で身に付けることは多く、恋愛への興味も当然あるだろうし、テレビで見たスポーツや歌、旅行などにも、関心があるだろう。恋愛小説、スポーツ選手や試合の情報、旅行記などを読むた

めには，彼らが自分で読んで理解できるように書かれた本が必要である。LLブックは，全てのジャンルにおいて生活年齢に応じた興味あることを彼らの知的年齢に合わせて分かりやすく作ることにより，読む権利や知る権利を保障する本だといえる。

3．LLブックの分かりやすい表現

　分かりやすさを生み出す基本的な手法として，文章を読みやすくする，絵や写真やピクトグラムという文字以外の表現媒体を多く使う，耳で聞くことができる聴覚メディアを併用して使うことが挙げられる。また，文章や絵や写真やピクトグラムをどのようにレイアウトするかということも重要である。
　基本的な表現方法の主な事柄を示す。
（１）文章について
　短く簡潔な文章で具体的に書く。抽象的な意味の単語は使わずに，できるだけ日常的によく使われる単語で表現する。「白黒つける」「猫をかぶる」などの比喩や暗喩や擬人法，「これ」「そこ」などの指示語などの複雑な表現を避ける。二重否定は使わない。
　１つの文に，多くの情報を盛り込むことはせず，２つの情報が伝えたいときは，２つの文に分ける。
（２）写真や絵とピクトグラム
　写真と絵は文章の内容をよく表すはっきりしたものを使う。内容と違うものを使うと混乱を招く。ピクトグラムは，挿入するページの内容を要約する，あるいは文章の単語の並びに沿って入れる。
（３）レイアウト
　行間を通常より広げ，余白をゆったり取る。数行続くと，行間を特に広くとり，行のまとまりを作る。意味のある単位でわかちがきにする。単語が途中で途切れるような改行はしない。
　文字は，はっきりとしたゴシックの字体で，大きさは 12 ポイント以上にする。漢字は使っても小学２〜３年生までとして，ルビを付ける。
（４）聴覚情報の併用
　耳で聞ける録音図書や，絵と文字と音声が同期して目で見ながら音声も聞くことができるマルチメディア DAISY を併用する。
（５）個人差への対応
　読者の読みの能力には個人差が大きいため，読みやすさのレベルを考慮する。大きくは３段階に分けて，具体的な内容で写真や絵が多い最も簡単なレベル１か

ら，レベル1より文字が多くなり，具体的な内容。日常的なことばを使用してストーリーが分かりやすく書かれている中間のレベル2，写真や絵は少なく，時々長い文章が使われ，あまり使わないことばも使用される一般書に近いレベル3に分ける。

4．特別支援教育での活用

学校図書館では，特別支援学校や特別支援学級や通級指導教室のある学校，さらに日本語の習得が必要な外国人児童生徒の在籍する学校に，LLブックへのニーズを持つ人たちがいる。ここでは，特別支援教育などで実践されたLLブックの活用例を紹介する。

（1）知識を得るための使用

　　対　　象：特別支援学校高等部の軽度から中度の知的障害のある生徒

　　使用図書：『からだ！！げんき！？（自立生活ハンドブック4）』，『ひとりだち（自立生活ハンドブック11）』ともに全国手をつなぐ育成会連合会[※1]

『からだ！！げんき！？（自立生活ハンドブック4）』じぶんのストレスを知る

　　目　　的：自立して生活するための知識を得る。

　　内　　容：『からだ！！げんき！？（自立生活ハンドブック4）』は，人のからだのしくみや健康であるための肥満予防やストレスをためない生活，げりや便秘や胃の病気，糖尿などの病気の説明と予防について，

イラストをたくさん使って作られた本である。

知的障害のある人の中には，運動不足や食べ物の好き嫌いがある，間食が多いなどで，肥満になる人がいる。また，病気になったり体調が悪くなっても，そのことに気付いて訴えたり病院に行こうとしない人もいる。生徒には，太ると病気になりやすいこと，太らないための食べ方や運動や生活の習慣を具体的に教える。どういう身体の具合になると病気なのかという事実を知らせて，その場合は病院へ行く必要があることや検査を受けなければならないことや病気にならないための予防方法について指導する。

（2）ことばを育てるための使用

対　　象：通級指導教室や特別支援学級，特別支援学校の言語発達障害を持つ児童生徒

使用図書：LLブック制作グループ編，藤澤和子・川﨑千加・多賀谷津也子著（2015）『わたしのかぞく：なにが起こるかな？』，藤澤和子・川﨑千加・多賀谷津也子編（2017）『はつ恋』ともに樹村房

目　　的：ストーリーの流れを理解して吹き出しを考えたり，ことばでやりとりする。

内　　容：2冊は起承転結のあるエピソードを4コママンガ風に写真で表現したLLブックである。写真だけで吹き出しは入っていない。1編が5〜6コマで構成され，開いたときに右ページだけに1コマ分の写真が入っているので，ページをめくりながら話の流れを楽しむことができる。『わたしのかぞく』は9編，『はつ恋』は7編から成る。話すことや人とことばでやりとりすることが苦手な言語発達障害を持つ児童生徒でも，1コマの吹き出しは，思いつきやすく，言いやすい。教師と役割を決めてセリフのかけあいを楽しむこともできる。

（3）調理実習のための使用

　対　　　象：特別支援学校や特別支援学級の児童生徒
　使用図書：『ぼなぺてぃ：料理の本（自立生活ハンドブック５）』,『食：しょく（自立生活ハンドブック８）』ともに全国手をつなぐ育成会連合会
　目　　　的：調理の手順を理解して実習する。
　内　　　容：簡単で手間のかからない料理の手順を，写真を並べるだけで分かりやすく表現している。文字による説明はいっさいない。何をどうすればよいかという調理方法とその順序が見て分かるため，自閉症や知的障害の人には見通しを持つための視覚支援として効果的である。調理実習に役立つ本である。

『自立生活ハンドブック８　食（しょく）』

（4）一緒に見て楽しむための使用
　対　　　象：特別支援学校小学部や小学校の特別支援学級の児童
　使用図書：マリア・ホセ・フェラーダ文，パトリシオ・メナ絵，星野由美訳（2017）
　　　　　　『いっぽんのせんとマヌエル』偕成社
　目　　　的：絵とシンボルを見ながら，絵本を楽しむ。
　内　　　容：自閉症で線が好きな実在するマヌエルのことを描いたチリの絵本の翻訳である。マヌエルは，ピクトグラムによって本の内容を理解することができたので，この本にはピクトグラムが付いている。ピクトグラムは文に対応させて付いているので，ピクトグラムを指さしながら教師が読んで聞かせるとお話が理解しやすい。児童は絵本に描かれる線を指でたどりながらマヌエルと同じ気持ちになって楽しむことができる。

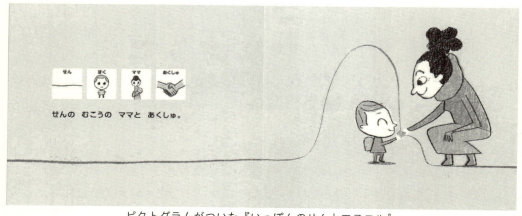

ピクトグラムがついた『いっぽんのせんとマヌエル』

【参考文献】
・藤澤和子，服部敦司編著（2009）『LLブックを届ける─やさしく読める本を知的障害・自閉症のある読者へ』読書工房
・吉村和真，藤澤和子，都留泰作編著（2018）『障害のある人たちに向けたLLマンガへの招待：はたしてマンガはわかりやすいのか』樹村房

【注】
※1　全国手をつなぐ育成会連合会発行の自立生活ハンドブックシリーズは，日本発達障害連盟のHP（http://www.jldd.jp/info02-cat/incbook/）から購入できる。
※2　『いっぽんのせんとマヌエル』は，幼児向けの絵本だが，ピクトグラムを付けて分かりやすさに配慮されているので本稿で紹介した。

15 学校図書館における図書館資料／学校図書館の利活用／特別支援学校の図書館

小学 中学 高校 特支 公共 教委

点字・録音・電子図書の宝庫
～サピエ図書館～

1．はじめに

　今日，特別支援学校のみならず，普通学校においても，視覚障害をはじめ読書に困難のある生徒が増えている。視覚支援学校の生徒は 67 校 2,731 人（全国盲学校長会，2018 年）。これを含め，特別支援学校に在籍する視覚障害生徒は 85 校 5,750 人と発表されている（文科省，2014 年）他，小・中学校の通常学級に 163 人，特別支援学級に 126 人が在籍していたと報告されている（文科省，2011 年）。また，学習障害などのため，マルチメディアデイジー教科書が提供されている生徒は全国で 5,936 人（日本障害者リハビリテーション協会，2018 年）に達している。

　数年前，地域の小学校で，点訳教科書を使って学んでいる生徒の授業を見学した。「図書」の時間になり，クラス全員が学校図書室へ移動し，壁一面の書棚から思い思いに本を選び，読み始めた。しかし，その生徒は読める本がないため，教室から携えてきた一冊きりの点字絵本を開いて読んでいた。その姿はとても寂しげだった。全国の学校図書館に，読書に困難のある生徒が"読める"本はいったいどれだけ備えられているだろうか。全ての生徒が自由に本を選び，読書の喜びを味う。そのためにもっとも基本となる手段は，「サピエ図書館」の活用である。

2．サピエ図書館とは

　サピエ図書館は，視覚障害者をはじめ印刷物の読書に困難のある人を対象に，図書・雑誌などの情報を点字，音声，アクセシブルな電子データで製作・提供するネットワークシステムである。国の補正予算で 2010 年に誕生し，運営は特定非営利活動法人全国視覚障害者情報提供施設協会（以下，全視情協），サーバシステムの管理は社会福祉法人日本点字図書館が行っている。

　母胎は，日本アイ・ビー・エム株式会社が 1988 年に社会貢献事業として立ち上げた「IBM てんやく広場」で，当初はパソコン点訳データをパソコン通信で共有するデータベースだった。1998 年，運営が全視情協に移り，「ないーぶネット」と改称して，2001 年からインターネット化。一方，録音図書は，1998 年に国際標準に基づいてデジタル化が始まり，2004 年に日本点字図書館と日本ライトハウスによってデジタル録音図書のインターネット配信システム「びぶりお

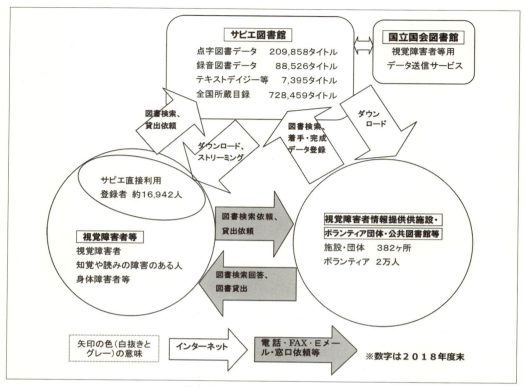

図表1　サピエ図書館の仕組み

ネット」が始動。この2システムが統合発展して、サピエ図書館が誕生した。

3. サピエ図書館で利用できる図書データ

　サピエ図書館には、点字、音声デイジー、テキストデイジー（以下、TD）、マルチメディアデイジー（以下、MMD）の4種類のデータがあり、現在約30万タイトル（以下、tl）が登録されている（図表1）。データの製作は、およそ150施設・団体に属する約2万人の無償ボランティアが携わっており、毎年2万tl近く増えている。

　点字データは、点字編集システムBES（Braille Editing System）のデータを標準とし、点字プリンタによる印刷、点字ディスプレイによる表示、合成音声ソフトによる読み上げにより利用できる。

　デイジー（DAISY）は、「デジタル・アクセシブル情報システム（Digital Accessible Information SYstem）」の略で、音声をはじめテキストや画像、字幕や手話動画などの情報を総合的に提供できる国際標準規格である。デイジーの特長は、見出しやページ単位での移動が可能で、しおりもつけられる上、音声デイジーの場合50数時間分がCD1枚に収まるので、印刷物をめくる感覚で録音等

の図書を読める。また，専用プレイヤーの他パソコンやスマホ，MP3プレイヤーで再生でき，CD，SDカード，USBメモリなどの他，インターネットでも利用することができる。

　デイジーの中でもっとも一般的なものは，音訳者による録音図書を記録した音声デイジーであり，全盲，弱視を含む視覚障害者を中心に広く利用されている。

　TDは本文をテキストデータ化し，デイジー形式で保存したもので，パソコンやタブレットを使い，文字の大きさや色を変えて見やすい表示で読んだり，文字列をハイライトさせながら合成音声（TTS）で読み上げさせることができる。目下，製作・利用とも年々増加し，視覚障害者等の間に普及しつつある。

　MMDは，TDと音声デイジーを組み合わせたもので，本文テキストや画像表示と音声を同期させて，視覚と聴覚の両方で本を読むことができる。TDと同様に，文字の拡大縮小や配色変更，文字列のハイライトが可能なことから，特に学習障害などのある生徒の教科書・教材として製作・利用が広がっている。

4．サピエ図書館の利用対象者と，加盟施設・団体

　現在，サピエ図書館を直接利用している個人会員は16,942人（内，視覚障害以外403人）に上り，毎年約1千人増えている（2019年3月）。また，点字図書館や公共図書館等を通して図書の貸出でサピエ図書館を利用している視覚障害者は約8万人に達する。サピエ図書館の利用対象者は，著作権法第37条3項（2020年1月1日改正施行）に規定された「視覚障害その他の障害により視覚による表現の認識が困難な者」で，「マラケシュ条約」の定義に従えば，以下のように分類することができる。

　　①視覚障害（国内の障害者手帳所持者は推計31万2千人，内18歳未満は4,900人だが，日本眼科医会は「視覚障害者」を推計164万人と公表している。）
　　②知覚や読みの障害（読字障害，学習障害等）
　　③身体障害で書籍の保持や操作，目の焦点を合わせたり目を動かすことが困難
　　一方，サピエ図書館の加盟施設・団体は現在，点字図書館や公共図書館，ボランティア団体など382ヵ所に上り，毎年20ヵ所程度増えているが，学校図書館で加盟しているのは視覚特別支援学校だけで，26校に止まっている（2019年3月）。施設・団体がサピエに加盟するには，サピエ事務局への入会申請と年会費の負担が必要で，学校図書館の年会費は原則として年間4万円である。

　学校図書館は，著作権法第37条3項により，録音図書等の製作，複製，公衆送信が認められているため，サピエ図書館加入のメリットは大きいと思われる。だが，会員にならなくても，ゲストとしてサピエ図書館の書誌情報を検索し，全

国の点字図書館等が所蔵する約70万tlの図書・雑誌を館間貸借で借りて，生徒に貸し出したり，複製提供することが可能である。

5．サピエ図書館の利用方法と，有用な機材

サピエ図書館の利用方法の一例を以下に示す。

①視覚障害者等，読書に困難のある利用者から図書のリクエストを受ける。

②図書館司書（職員）は，交付されたIDとパスワードを使い書誌を検索したり，図書データをダウンロードする。データ登録されていない図書の場合は，サピエ図書館の機能である「オンラインリクエスト」や館間貸借で貸出を受ける。

③ダウンロードデータは，利用者の希望メディアに変換・記録して提供する。なお，サピエ図書館の利用は，パソコンとインターネットがあれば最低限は可能だが，生徒の希望や予算により，以下のような機材があればより有効である。

　　録音図書関係　　CDコピー機，デイジー図書プレイヤー
　　点字図書関係　　点字編集ソフトウェア，点字プリンタ，点字ディスプレイ

6．読書に困難のある生徒が希望し，必要する資料の提供を目指して

全国の学校で学ぶ読書に困難のある生徒に対して，サピエ図書館がどのように役立つのか。試みに，サピエ図書館に登録されている「児童図書（NDC：913）」のタイトル数（2017年）を調べると，点字図書は12,566tl（2017年の新規登録988tl）に達しているが，音声デイジーは3,737tl（同452tl）に減り，TDは372tl（同80tl），MMDは72tl（同14tl）に止まっている（2017年）。生徒の利用は児童図書に限らないので，的確な比較とは言えないが，利用も同様の傾向にあり，加盟している視覚支援学校（調査時23校）のダウンロード数を見ると，点字は1,440件あるが，音声デイジーは863件に激減し，TDは43件，MMDはわずか1件に止まっている。つまり，点字は別として，サピエ図書館で製作・登録されているデイジー図書の大半が成人向けであり，生徒が興味を持ったり，必要とする資料が乏しいことが推測できる。

今後，全視情協としては，学校図書館にサピエ加入を呼びかけ，その利用を支援する一方，読書に困難のある児童・生徒が希望し，必要とする資料を1冊でも多く製作・登録するように取り組んでいきたい。

7．サピエ図書館を体験するには

　インターネットで「サピエ」を検索。または，ホームページ（https://www.sapie.or.jp/）からゲストとして入り，書誌情報を検索できる。また，サピエ図書館の概要や利用方法などを明解に紹介した動画「サピエ図書館ってこんなに便利！」（6分15秒）をYouTubeで公開中。全視情協のホームページ（http://www.naiiv.net/）にリンクがある。

8．全視情協とは

　全国の点字図書館やボランティア団体，公共図書館などで組織する特定非営利活動法人。正式名称は全国視覚障害者情報提供施設協会。現在101施設・団体が加盟し，視覚障害者等への情報提供の推進と"情報共有社会"の実現を目指して，サピエ図書館の運営，点字・録音・電子図書製作と情報提供サービスの標準化，点訳・音訳マニュアル等の発行などを行っている。

 編者のひとりごと：「ここがいいね！」
　　○サピエ図書館のホームページには，以下のような紹介がある。
　　〈https://www.sapie.or.jp/〉2019.05.05参照
　1．サピエ図書館（1）
　　サピエ図書館はサピエのメインサービスです。全国のサピエ会員施設・団体が製作または所蔵する資料の目録ならびに点字・音声図書出版目録からなる，点字図書や録音図書などの全国最大の書誌データベースです。資料によっては貸出依頼を出したり，コンテンツをダウンロードしたりすることもできます。
　2．地域生活情報（2）
　　地域・生活情報は，地域に密着した情報，イベントやお店の紹介，防災関連や福祉関連の情報などを提供します。みなさんが希望の条件を設定して検索すると情報を入手できます。
　3．図書製作支援（3）
　　点字図書・音声図書等の製作の効率化を図るため，インターネットでのデータのやりとりをはじめ，製作者同士が連携しやすいシステムを提供します。

16 学校図書館における図書館資料／学校図書館の利活用／特別支援の学校図書館

小学 中学 高校 特支 公共 教委

点字・デイジーで本を読もう
～盲学校におけるサピエ図書館の活用～

1．京都府立盲学校の概要

　京都府立盲学校は，1878（明治11）年に京都盲唖院として創立され，2018年で140年目を迎える日本で最も古い盲学校（視覚特別支援学校，以下盲学校）である。2018年3月9日に文化審議会の答申を受け，同10月31日付けで本校と京都府立聾学校が所蔵する3,000点の歴史資料が国の重要文化財の指定を受けた。多くの盲学校と同様に，幼稚部，小学部，中学部，高等部，高等部専攻科が設置されており，本校の特色としては研究部理療科，専攻科普通科，大学進学を目指す「普通科京都フロンティアコース」，音楽科が設置されていること等が挙げられる，多様なニーズの幼児児童生徒が在籍している学校である。

　高等部には正規職員として専任司書が1名配置されている。高等部の図書館は常時開館しており，読書センター・学習センターとしての機能に加え，心身の休息場所として利用する生徒も多い。また，司書のいる高等部の図書館がサピエ図書館の窓口業務にもあたっている。敷地の都合上，校地が2か所に分かれており，高等部と幼小中学部の図書館があるため，週に1度，司書が幼小中学部の図書館を訪問し，司書教諭・中学部図書担当の教諭と連携をとりつつ，蔵書の充実や図書館業務の協力などを行っている。

　本校はサピエ図書館が発足する前身から団体登録しており，児童生徒の読書・学習を支える日常業務だけでなく，図書館行事においてもサピエ図書館を活用している。

2．サピエ図書館の活用

　日常業務においては，他の図書館が資料を購入するのと同様に，児童生徒や教員のリクエストに応じてサピエ図書館の本をダウンロード・印刷し，貸出を行う。また，図書館の蔵書も随時サピエ図書館から入れ替えている。全国の視覚障害者情報提供施設やボランティア団体のおかげで新刊がそれほど待つことなく入手でき，非常に助けられている。主に利用される本は有名人のエッセイや小説など児童生徒にとって興味関心のある本，参考書など授業や受験に役立つ本の他，視覚障害に関する本，自炊のためのレシピ本，文化祭発表の参考にするための詩集，修学旅行の事前学習のための観光ガイド，点字習得のための絵本など多岐に

わたっている。図鑑などの中には点字だけでなく点図が掲載されているものもあり，点字が読める子供・習得中の子供・全く読めない子供がそれぞれの読み方で楽しめ，みんなで一緒に読むことで人気になっている本もある。一人ひとり異なる見え方の児童生徒にとって，点字・デイジーが選べるサピエ図書館は「多くの情報の中から自分で判断・選択できる」という図書館の基本を体感できるまたとない機会となっている。また，英語や国語の授業に活用するための資料は特に需要があり，児童生徒だけでなく教員も日常的にサピエ図書館を利用している。英文や古文，数学など点訳に手間のかかる資料も随時更新されており，まさに盲学校にとってなくてはならない存在となっている。

　サピエ図書館は登録している学校が少ないため，小学校・中学校まで地域の学校に通っていた生徒の場合，盲学校でサピエ図書館のサービスが受けられることを知らないことも考えられる。高等部では毎年5月の生徒会総会後に図書紹介の時間を設け，全生徒対象にサピエ図書館の紹介を行っている。学校図書館に読みたい本をリクエストしたり，調べたいことをレファレンスすれば，いつでも司書が対応してサピエ図書館との橋渡しをする。幼小中学部でも図書担当の教諭が窓口となり，高等部の図書館へリクエストを回すようになっている。こういったサービスは公共図書館でも行われているが，視覚障害のある児童生徒にとって，「初めて」図書館を利用することはハードルの高いものである。安心・安全に来館することができる身近な学校図書館からスタートし，点字図書館，公共図書館や大学図書館，必要によっては国立国会図書館と段階を踏むことで，社会の一員として各種の図書館を利用するための練習にもなると考えている。

　さらに，読書週間や読み聞かせ，公共図書館との相互貸借などで墨字の本を紹介する際，事前にサピエ図書館の蔵書を確認し，点字・デイジーで読める場合，その旨を伝えている。これにより，それぞれの見え方に関わらず同じ本を読み，感想を共有することができる。図書館は情報収集の場であるだけでなく，情報発信の場でもある。近年盛んなビブリオバトルやインターネット上の書評のように，自分の好きな本の感想を他の人と共有したいという気持ちは多かれ少なかれ誰にでもあるものである。学齢や学科に関係なく人や本と出会えるサードプレイスとしての機能を持つ学校図書館において，特別扱いされることなく同じものが提供されるということは非常に重要である。

　また，予算の限られる学校図書館にとって定価の高い点字本を多く購入することは非常に厳しいが，サピエ図書館に登録すれば，必要な資料をいつでもすぐに入手できることも特筆すべき点である。公共図書館における点字資料の所蔵点数や点字図書館との輸送を考えると，相互貸借は容易ではないし，できたとしても

その範囲は非常に限られたものになる。サピエ図書館によって，点字・デイジーを利用する児童生徒の読書・学習の幅が大きく広がったことは言うまでもない。

3．今後の課題

　サピエ図書館が点字・デイジー利用者にとって非常にありがたい存在であることは間違いないが，その一方で拡大図書を利用したい児童生徒にとっては不便な状態が続いていることも現実にある。一般に販売されている書籍の文字は小さすぎて読みづらい場合も多いが，市販されている拡大図書のタイトル数はサピエ図書館に登録されている点字・デイジー図書ほど多くはない。また，未就業の児童生徒にとって図書購入費は決して安いものではなく，図書館になければその内容を読むことを諦めなければいけないことも多々ある。そのため，前述した「多くの情報の中から自分で判断・選択できる」とは言い難い状況である。ボランティア団体の協力による蔵書数の増加や電子資料の発達も感じているが，紙の本が好き・拡大読書器を使わずに自分の手でページをめくって読みたいという多くの人が感じている気持ちを弱視・ロービジョンの児童生徒も同じように持っている。彼らの気持ちが尊重され，見え方に関わらず同じ資料を利用できる日が一日でも早く訪れてほしいと思う。

4．全ての利用者に同じ「質」の情報を

　私たちが読書に求めるものは，調査研究や知的好奇心を満たすものだけでなく，身近な生活と結びついた共感であることも多い。本好きの人が図書館を舞台にしたミステリーを好んだり，ビジネスマンが経済ドラマに興味を持つように，盲学校の生徒が盲学校を舞台にした小説を読みたい・自分と同じ病気や障害のある人のエッセイを読みたいと思う気持ちはごく自然なことである。実際に，視覚障害者の体験を綴ったエッセイや小説，絵本は児童生徒たちにも人気が高い。この場合，障害の有無に関わらず，求める情報の「質」は同じではないだろうか。

　図書館が取り扱う情報は新聞雑誌・図書・視聴覚資料・電子資料等の「種類」で考えてしまいがちである。しかしそれらの情報は視覚障害者にとって"読める"資料ではあるが，"読みたい"資料だろうか。図書館の5原則の一つである"Every reader his or her book.（全ての読者にその人の本を）"を実現するためには，一人ひとりの利用者がどのような「質」の情報を求めているのかを常に考え，丁寧なレファレンスインタビューを行うことが必要である。

　サピエ図書館を利用する生徒たちが「（前任の）司書さんがサピエで問題集を見つけてくれて，英検2級に合格できた！」「病気で視力が低下し，いつでも読

めると思っていた友人の薦めてくれた本が読めなくなった。残念だったが，サピエにデイジーがあり読むことができた」「サピエで面白い本に出会えた。続きが出るのが待ち遠しい。週刊誌の連載が単行本になるのを待っているような気持ち」と嬉しそうに話すのを目の当たりにし，読書だけでなくその機会が保障されている環境の重要性を痛感している。サピエ図書館に集められる本は全国で作られているため，「続きがなかなか出ないのは，ボランティアさんの住んでいる地域が地震や台風など自然災害で大変なのでは」とニュースを気にするなど，他者とのつながりや支え合いに気付き，世界が広がるきっかけにもなっている。

　図書館は様々な可能性に出会える場であり，学校図書館はその第一歩と言える施設である。司書自身も一層の研鑽を積み，サピエ図書館の機能を今以上に活用して，図書館サービスの可能性を広げていきたいと考えている。児童生徒たちが社会に出たときに自分の必要な情報を説明し，公共図書館を有効に活用できるようになれば，それに呼応するように地域の図書館のサービスも今以上に向上していくだろう。社会の多様性を発展させるためにも，一人ひとり違う特性のある児童生徒の在籍する特別支援学校だからこそ，提供される情報の「種類」だけではなく，「質」が同じであることも保障する学校図書館でありたいと思う。

> **(POINT!)** 一人ひとり見え方の異なる児童生徒にとって，同じ資料を活用できるサピエ図書館は非常にありがたい存在である。また，見え方が異なっていても読書への欲求や求める「質」は同じであり，障害の有無に関わらず資料を提供する側が丁寧にレファレンスインタビューを行う必要がある。学校図書館を活用することで，図書館活用のハードルを下げ，社会の多様性を発展させていく児童生徒を育てていきたい。

編者のひとりごと：「ここがいいね！」
○一人ひとり異なる見え方の児童生徒にとって，点字・デイジーが選べるサピエ図書館は「多くの情報の中から自分で判断・選択できる」という図書館の基本を体感できるまたとない機会である。

○それらの情報は視覚障碍者にとって"読める"資料ではあるが，"読みたい"資料だろうか。一人ひとりの利用者がどのような「質」の情報を求めているのかを常に考え，丁寧なレファレンスインタビューを行うことが必要である。

17 学校図書館に携わる教職員等
小学 中学 高校 特支 公共 教委

研究会活動を通して互いに高め合う学校司書
～学校司書の活動～

1．はじめに
　富山市の小中学校に勤務する学校司書全員が「富山市学校司書研究会」（以下，研究会）に所属し，研修を行っている。
　研究会の目的は，「学校司書を専門職と考え，専門的な知識や技術を学び，資質向上を図ること」と「どの学校にあっても同一の図書館サービスを提供できるようにすること」にある。
　1998年の会の発足以来20年，図書館業務に関わること，読書活動支援や授業支援に関わることなど，様々なテーマを設定して研修を続けてきた。
　研究会のこれまでの活動や具体的な研修内容を紹介する。

2．研究会の発足
　富山市は1996年に市の単独事業として，県下で最初に学校司書を配置した。
　学校司書は富山市教育委員会学校教育課の非常勤嘱託職員として採用され，1日5時間，週5日の勤務をしている。初年に3校兼務で5名が配置され2018年現在，54名が富山市小中学校86校に勤務している。
　配置当初，県下に小中学校司書のモデルがない中で，学校司書たちは情報交換のために毎週のように勤務時間外に集まり，手探りで図書館業務に携わっていた。岡山市などの先進地や学校図書館関係の全国大会に学ぶ機会を持つうちに，「専門職としてもっと学ぶべきではないか」「勤務時間内に全員参加できるようにしたい」「富山市の学校司書集団として成長するべき」と研修を望む声が出始めた。
　そこで，市教委に相談したところ，年間の研究計画を起案し，承認を得る手続きを経ることで研修会を持つことが可能になった。
　こうして，学校司書配置から3年目に研究会は発足した。当時，学校司書配置制度という新しい試みを持続させるために，採用した市教委，受け入れる学校が各々の立場で学校司書を支援しようという機運があった。研究会が継続して活動できたのは，市教委や各学校長の理解があったからであり，市から活動のための予算が助成されたからこそである。これに対して学校司書は，この制度を生かすことや研究会を維持することは，自分たちの働きにかかっていると受け止め，取り組みを続けてきた。

3．研修の持ち方

研修会を実施するにあたっては，以下の三つを大切にしてきた。
・各年度，研究会の目的に合った研究主題と研修テーマを設定する
・研修テーマごとに部会に分かれ，1年間を通して研修する
・研修結果は年度末に研究会内外に報告できる形にし，蓄積していく

　研究会の目的は，前述したとおり「学校司書としての資質向上」と「利用者へのサービスの保証」にある。それを柱にして毎年度，研究主題を設け，主題に沿った研修内容を決定している。

　研修内容は，児童生徒に人気の本を持ち寄って紹介する，各学校の委員会活動を報告し合うなど，毎回扱うテーマを変えるのではなく，年度を通して（例年，年間7回程度開催）研究討議できるテーマを選択する。例えば，平成27年度には国語科の教科書単元ごとのブックリスト作成を行った。1～6年の各学年と中学校の7つの部会に分かれ，教科書を読むことから始め，学校図書館が利用される頻度の高い単元を調べ，各単元で利用できるブックリストやブックトークプランを作成した。

　研修報告は，様式や書式を統一するよう部会間で共通理解を図った上でまとめられる。各部会が提出したデータは集約してCD-ROMに保存され，全ての学校図書館で活用できるようにしている。

　また，研究会は実務に応じた役割分担をすることによって，組織的な活動をするとともに，なるべく多くの者が会の運営に携わることができるようにしている。

4．研究会の活動実践例　※（ ）内は研修年度

（1）学校図書館サービスを保証するための取り組み－各種マニュアルの作成

　研究会では，各種マニュアルの作成を進めてきた。利用者へのサービスの保証と同時に富山市の学校司書レベルを底上げするために，自分たち仕様のマニュアルを持つ必要があったからである。

①『学校司書業務マニュアル』（平成16年度初版・24年度改訂版）

　「利用者に向けてのサービス内容」と「資料の収集・整備」の2章立てで構成。新規採用者には業務の手引き書に，経験者には業務の確認とあるべき姿を再認識するための目安として役立てている。

②『図書館システム操作マニュアル』（平成15年度初版・23年度改訂版）

　平成15年度に市が学校図書館管理システムを導入。学校司書の一人がシステム化に必要な作業手順の資料を作成した。それを元に研究会で検討し，環境設定や運用方法の統一を図った。

③『引継ぎマニュアル』(平成 22 年度)

　異動の際に前任者と後任者が項目をチェックしながら引き継ぎを行うためのもの。司書業務に関すること(図書館報告，年間の流れ，図書委員会との係わり方など)，システムに関すること(ローカルデータ，バックアップ先，バーコードの印刷方法など)，学校に関すること(勤務曜日や時間，校務分掌など)の項目を挙げて手順や必要事項について解説している。

④『新規採用者研修プログラム』(平成 22・28 年度作成)

　講師役を経験年数のある学校司書が務め，年度初めに集中的に行っていた新規採用者研修は，平成 29 年度から研究会の部会の一つとした。これにより，1 年をかけて多岐にわたる業務を伝えることができ，新規採用者の疑問や不安に対して細やかな支援ができるようになった。

(2) 授業を支援するための取り組み

　学校図書館は，近年「学習・情報センター」としての役割が大きくなっていると感じている。「授業支援」は，これからの学校司書に求められる大きな仕事の一つであろう。研究会では，利用者(児童生徒・教職員)の資料要求に応えることができるように研修を行っている。

①備える－いつでも使える資料の収集と整備

　「基本図書リスト」の作成を定期的に行っている。(平成 12・18・26 年度) グループに分かれて各分類を担当し，写真やイラストが使用されていて見やすいか，統計などが適正に更新されているか，学習で利用する学年の児童生徒にとっての難易度はどうかなど，各出版社のものを比較して利用価値の高いものを選択している。

　また，「年鑑の特集記事索引」(平成 20 年度)や「郷土資料リスト」(平成 21・22 年度)などの作成により，図書以外の資料を幅広く収集することを心がけている。

②発信する－学校司書から教員に向けてのアプローチ

　学校図書館を授業で活用してもらうために，また授業者の描く授業展開のイメージにより近い資料を提供するために，学校司書にはどのような働きができるかを模索している。

　教員向け学校図書館利用案内や授業での利活用例のひな型を作成し，各学校での教員向け図書館オリエンテーションで役立てるようにする(平成 27 年度)，レファレンス研究によって，レファレンスを受ける際の聞き取りのポイントの考察や，よくあるレファレンスの事例を集める(平成 16・21・28 年度)などの取り組みをした。

また，学校司書からの発信の試みとして，研究会では『富山市学校司書研究会白書』を刊行した（平成28・29年度）。研究会の20年の歩みを記すとともに，学校司書の仕事内容を伝え，学校図書館の利活用につなげたいと考えた。この冊子は市内の小中学校と県内の各市教委に配付した。

4．今後の課題

　全員で活動する研究会は，兼務，短時間勤務の条件下で働く者たちにとって，チームとして互いを補い合うことができる貴重な場であり，学校において一人職種である学校司書の拠り所にもなっている。しかし，研究会のあり方については，いくつかの点で限界があるように感じている。

　まず，時間的な制約での限界。果たして，研修の成果は現場で十分に生かしきれているのだろうか。学校図書館に常駐しない学校司書では，児童生徒の待ったなしのレファレンスに確実には応えきれてはおらず，教員とは利用者と図書館サービスを行う者という関係を築くところに留まっているのが現状である。学校司書の自助努力だけでは解決できない問題でもあり，制度的なことを含めて，学校図書館や学校司書のあり方が問われていくと思う。

　そして，学校司書単独で行う研修には限界がある。児童生徒の学びを支えるために学校司書が教員の協働者として育つためには，児童生徒の発達段階の知識や児童生徒理解，学校図書館を使った授業事例の研究やTTでの図書館利用指導など，教員と共に学ぶ機会や専門的な指導を受ける機会が必要だと思う。

　私たちは，学校図書館の持つ役割と可能性を知っている。だからこそ，学校司書の専門性とは何かを問いながら研究を重ね，さらなる向上を目指したい。

○市内小中学校の学校司書全員が集まって研修をする。
　　→市教育委員会や学校が学校司書の研修の必要性を認めている。
　　→勤務時間内に研修日程を組む。
　　→研修活動のための予算が助成されている。
○「研修回数をこなす」のではなく「年間を通して何を学ぶか」が優先。
○研修結果を学校司書が共有して持ち，各学校に還元できるようにする。

18 学校図書館と教育委員会
学校図書館支援の具体的なノウハウ
～教育委員会の学校図書館施策（県）～

1．はじめに

　2015年に鳥取県立図書館内に「学校図書館支援センター」（以下，支援センター）が開設され，県として就学前から高等学校まで一貫した見通しを持った学校図書館活用教育の普及を開始して3年経過した。10年以上前から鳥取県では全校に司書教諭，学校司書が配置されており，現在も全国に比べて人的配置が進んでいるといわれている。また，各校の蔵書に加えて，各市町村立図書館，県立図書館の資料も利用され，学校図書館を活用した授業時数はここ数年増加している。

　「支援センター」では，学校図書館を活用した授業を県内の各学校から募集し，鳥取県立図書館のホームページで公開している。例えば，県内のある小学校の授業実践例では，単元のねらいに応じた事前の資料収集，司書教諭によるブックトーク，事前に担任と司書教諭が打ち合わせて作成したワークシートによる資料の読み取りなどの学習が掲載されている。また，県立高校の事例では，単元の発展として，探究学習のスキルの一つを意識した授業が計画されており，複数の図書資料から必要な情報を収集し，シンキングツールやワークシートを活用して情報を整理していく学習内容が紹介されている。

　上記は，県内で実践されている学校図書館を活用した授業のほんの一例である。こうした実践が，県内の各学校で実施されるまでに，鳥取県でどのような学校図書館施策が行われてきたのかをご紹介したい。

2．鳥取県の学校図書館施策の経緯

　鳥取県では1997年頃より，県行政と教育委員会により，司書教諭や学校司書の配置や蔵書の充実，「朝の一斉読書」普及活動などが広がっていった。モデル市町村における学校司書の配置や人材育成を目指した施策の実施を経て，2003年には全校種に司書教諭が配置され，県教育センターでの司書教諭研修も始まった。同じ時期に，県教育委員会により学校図書館専任職員（司書資格を有しない職員も含む）の配置が各市町村教育委員会に働きかけられた。2006年には全ての高等学校で正規の専門職として司書が配置され，2010年には特別支援学校へも司書資格を持つ学校司書が配置された。県立高校では司書の配置に合わせて図書館管理システムも導入されている。

こうした図書館施策によって人的整備が進む中，学校図書館の充実には，県立図書館や各市町村立図書館における物流システムによる支援の力も大きかった。市町村立図書館には，早くから学校図書館へ移動図書館車による配本や希望図書の搬送など，選書から物流まで一貫した支援を行うところもあった。公共図書館と学校図書館との合同の研修会も開催され，公共図書館と学校図書館との連携による支援が行われた。県立図書館でも2004年から県内の全ての高等学校へインターネット予約と搬送便，宅配便による図書の提供を開始した。当時，正規の司書は配置されていたものの蔵書が不十分な高校図書館に対し，県立図書館は搬送システムだけでなく，セット本用に資料を大量購入し貸し出す支援を行った。現在も，資料予約後2日以内に届く資料搬送システム等により，高等学校，特別支援学校へは直接，小中学校・義務教育学校へは市町村図書館を経由し協力貸出を行っている。

3．学校図書館支援センター設立

　2008年に学習指導要領において学校図書館の活用による主体的な学習活動の充実が記述され，より学校図書館の活用が重視されるようになる中，鳥取県でも新たな課題が挙がってきた。全国的にも体制の整備は進んでいたものの，授業活用等の実態には各学校によって大きな差があり，学校図書館で新たに期待されていた「学習センター」「情報センター」機能は十分生かし切れていなかった。また，司書教諭や学校司書の経験の差によって，学校における学校図書館活用の状況が左右される実態をどう支援していくかも課題であった。

　先に挙げたとおり，鳥取県では，2015年に全国初の取り組みとして，県立図書館内に「学校図書館支援センター」を開設した。「支援センター」は，新たに予算を設定し，人を集めて作り上げた組織ではない。館長を「センター長」とし，もともと館内で市町村立図書館や学校図書館への支援を行っていた担当課が関わり，「学校図書館支援センター」の看板を掲げ，対外的に機能を示したものである。ただ，大きかったのは，支援センター開設に先立ち，もともと小中学校や高等学校から県立図書館へ異動し，県立図書館に籍のあった2名の職員を「学校図書館支援員」とし，それぞれ「小中学校課指導主事」「高等学校課指導主事」を兼務することで，県教育委員会の関係課や，県教育センター，各学校，市町村教育委員会等と連携しやすくしたことである。あわせて，支援センターには，学校図書館での勤務経験もあり，情報収集力に優れた専門性の高い職員も配置されている。司書教諭の経験のある学校図書館支援員，県立図書館の司書，関係各課が連携し，物流だけでなく，学校教育を支援する図書・教材資料の整備，学校司書や司書教

諭向けの研修会の実施など，様々な面で学校図書館を支援する体制を整えていった。

4．とっとり学校図書館活用教育推進ビジョンと学校図書館活用ハンドブック

　支援センターの開設と同時に，県教育委員会は，『とっとり学校図書館活用教育推進ビジョン』（以下，ビジョン）を策定した。ビジョン策定にあたっては，学校図書館支援員と県立図書館職員，県教育委員会各課の指導主事が事務局となり，市町村教育委員会，小中高の学校長，司書教諭，学校司書で構成された「鳥取県学校図書館活用のあり方検討委員会」によって進められた。ビジョンの大きなねらいは，児童生徒の「生きる力」の涵養にあった。教科等を横断する汎用的なスキルである情報活用能力の育成を目標とし，就学前から高等学校まで一貫した学校図書館活用教育の普及と，目指すべき児童生徒の情報活用能力を体系的に示している。

　あわせて，『学校図書館活用ハンドブック』（以下，ハンドブック）を作成し，各学校等へ配布した。司書教諭と学校司書の配置は，原則各学校一人である。異動があれば引き継ぎもままならない場合もある。ハンドブックは，教職員の異動や経験年数の差によって図書館活用に差異が生まれないよう，学校図書館の基本的事項，役割や機能，司書教諭と学校司書の具体的な業務内容，学校図書館を活用した授業実践例など，具体的な学校図書館活用の理解を広め，司書教諭や学校司書を支援する内容となっている。

　ビジョンの目標年である2020年に向け，県の学校図書館施策として取り組んでいることは，学校全体で取り組む学校図書館活用の普及啓発である。情報活用能力の育成における学校図書館活用の必要性が高まる中，学校への訪問相談や研修会で県内の図書館関係者の取り組みを見聞きするたびに，頭が下がる思いである。学校図書館の充実に向け，司書教諭と学校司書がともに研修を受ける機会を増やしていくこと，学校図書館関係者以外の教員も参加した研修会の機会を県内で広げていくことを目指したい。

　『とっとり学校図書館活用教育推進ビジョン』と『学校図書館活用ハンドブック』は下記のWebページからダウンロードできる。〈https://www.library.pref.tottori.jp/support-center/post-40.html〉参照 2019.05.05

> POINT!
> ○資料の充実や物流で学校図書館を支援していた県立図書館が軸となり，「学校図書館支援センター」として，県教育委員会各課，教育センターと連携しながら研修会等の施策をすすめていったこと。
> ○「ビジョン」策定や「ハンドブック」策定に際し，全国の自治体で実施されていた施策を参考にできたこと。
> ○各学校で，多様な相談・依頼に対応できる専門職員の配置と資料群の整備が実現できたこと。
> ○県教育センターでの司書教諭研修（悉皆研修）の実施。

編者のひとりごと：「ここがいいね！」

○鳥取県立図書館のサイトの「学校図書館支援センター＞学校・先生のためのお役立ちメニュー」に，次の項目がリンクされている。

- ▶小・中・高・特別支援学校の授業活用例
    学校図書館を活用した授業実践例を紹介しています。
- ▶講師・サポーター派遣
    図書館職員（学校図書館支援員）の講師派遣について説明します。
- ▶県立図書館の資料を利用するには？
    市町村図書館、学校図書館からの利用方法について説明します。
- ▶授業活用見本図書セット
    授業の単元別にセット組みした図書です。市町村図書館を通じて貸出を行います。
- ▶各種ブックリスト
    中学校、高校、特別支援学校向けブックリストです。セット組みはしていません。
- ▶学校教育に関連するテーマ別資料一覧
    「いじめ」「不登校」「国際理解」など、学校教育に関連したテーマ別の資料一覧です。
- ▶「理科読」を応援します！
    科学の本を読んでみませんか？　分野別の資料一覧です。
- ▶郷土学習ガイド
    鳥取県について調べるための学習ガイドです。
- ▶県立図書館見学ツアーを申し込むには？
- ▶図書館活用教育の推進に役立つ資料
    「ブックリスト」「リンク集」をご活用ください。

https://www.library.pref.tottori.jp/support-center/ （参照 2019.05.05）

19 学校図書館と教育委員会

支援センターを中心とした3つのネットワーク
～教育委員会の学校図書館施策（市）～

1．はじめに

　市川市の読書教育の歴史は古く，1950年代より，学校・地域・行政が一体となって，児童生徒の「豊かな心」「主体的に学ぶ力」を育み，生涯にわたって学び続ける市民の育成をめざし，学校図書館活用の充実に向けた取り組みを行ってきた。

　市川市の学校図書館は，子供たちの読書活動や学習活動に，豊富な図書をはじめとする様々な情報を提供し，豊かな読書力や言語力と確かな問題解能力を育成している。市川市のめざす学校図書館像は，「生きる力・夢や希望を育む学校図書館」である。そこには，「読書生活を支える図書館」「学習を支える図書館」「研究を支える図書館」の3つの機能を併せ持った学校図書館にしたいという願いが込められている。こうした願いを実現させるために，「学校司書の配置」「公共図書館と学校とを結ぶネットワークシステム（以下，学校図書館ネットワーク事業）の構築」「学校図書館支援センター事業の確立」を推進してきた。またここ数年，若年層教員を対象とした研修に力を入れている。

2．学校図書館支援センター事業

（1）「学校図書館支援センター事業」立ち上げまでのあゆみ

　2006年に文部科学省の指定を受けて，市川市教育センター内に「学校図書館支援センター」が立ち上げられた。その背景には，1989年度から市川市教育センターが中心となり推進してきた「学校図書館ネットワーク事業」により物流や情報のネットワークが整っていたことが挙げられる。「学校図書館支援センター事業」の立ち上げまでの主なあゆみは以下のとおりである。

1979年	学校司書・読書指導員（現在の非常勤学校司書）の配置開始
1989年	公共図書館と学校とを結ぶネットワーク事業研究員会議発足
1992年	学校司書・読書指導員の全校配置完了
1993年	図書相互貸借システム（物流ネットワーク）実験開始
1999年	図書相互貸借システムの全校実施開始 学校図書館蔵書管理検索システム導入開始（情報ネットワーク）
2003年	司書教諭の全校配置完了
2006年	学校図書館支援センター事業開始

図表1　「図書館支援センター事業」立ち上げまでの主なあゆみ

（２）学びを支える「学校図書館支援システム」

　「学校図書館支援システム」は，「人・物・情報」の３つのネットワークによって構築されている。「学校図書館支援システム」の大きな特徴は，公共図書館との連携に加え，市内全校の学校図書館がお互いに図書を共有し合うことで，学習で必要な図書資料を簡便に，豊富に集めることができることである。こうした体制は，読書活動の充実や授業改善につながり，一人一人の先生方の授業を市内全体で支援できるようになった。

①人のネットワーク

　学校図書館支援システムの円滑な運営を行う上で，学校司書の存在は大きい。図書の配送業務や充実した学校図書館の管理運営を担っているのは，学校司書である。

　また，司書教諭は，学校図書館づくりや学校図書館活用の推進を図る役割を担っている。

　各学校では，司書教諭と学校司書が中心となり，校内の先生方と組織的に学校図書館活用に取り組んでいる。

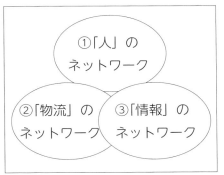

図表２　３つのネットワークによって構築される学校図書館支援システム

②物流ネットワーク（図書相互貸借システム）

　「物流ネットワーク」とは，公共図書館と学校，学校と学校の間で，図書の貸し借りができるシステムのことである。このシステムの利点は，授業への豊富な図書提供と同時に，学校司書の技能の向上が図られることである。

　図書借用の依頼は，学校司書が窓口となり，電子メールでやりとりをする。該当学年，教科，単元名，学習のねらいなど具体的に伝え，その内容で依頼された学校司書が選書を行うため，自校にはない図書が届く。実際に活用して効果があった図書は，次年度購入するよう勧めている。このような取り組みの中で，市内の学校図書館全体の蔵書の質を高め，学校司書のレファレンス力の向上につながっている。

【物流ネットワークの概要】
○配送業者による委託業務
○中央図書館を起点に２台の配送車が，小・中義務教育学校・特別支援学校・幼稚園63箇所を一巡する。
○配送日…毎週２回（水曜日・金曜日）
○貸出期間…原則として４週間
○貸し出し冊数…制限なし
○図書の依頼方法…メーリングリスト
○中央図書館には、ネットワーク専用の図書が完備されている。

図表３　物流ネットワークの概要

③情報ネットワーク

　学校図書館支援システムの構築において，「情報ネットワーク」の整備は，必要不可欠であった。「物流ネットワーク」を開始した1993年には，インターネッ

ト環境が整備されておらず，他校への図書配送の依頼等は，学校図書館専用FAX電話を利用していたが，インターネット環境が整備されてからは，連絡手段として電子メール（メーリングリスト）を活用している。年間約700通のやりとりが行われ，学校図書館活用の情報交換の場にもなっている。また，学校図書館には，蔵書管理用パソコン2台が設置してあり，蔵書管理はデータベース化されている。そのため，学校間で蔵書検索を行うことができる。

（3）学校図書館支援センターの役割

　図表4のとおり，学校図書館支援センター（教育センター）は，ネットワークの中心に位置し，学校と公共図書館，学校間，教育委員会内外をつなぐコーディネーターの役割を担っている。そのため，教育センターに，学校図書館支援センター事業を担当する指導主事が配置されている。

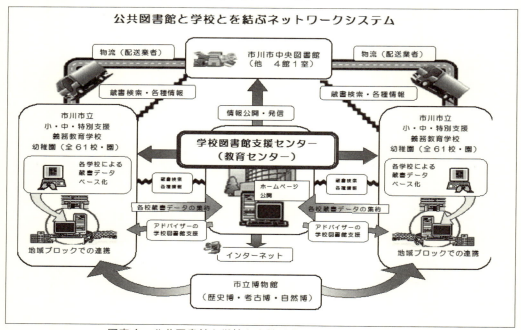

図表4　公共図書館と学校とを結ぶネットワークシステム

　また，本市教育センターは学校教育部に所属するが，市川市中央図書館と同じ建物内に置かれており，いつでも顔を合わせて，公共図書館の担当者と相談ができる環境が整っている。

　教育センターの業務として，教職員の研修や，コンピュータの設置を含めた情報教育分野等があり，それぞれ担当指導主事が配置されているため，学校図書館支援センター事業を担当する部署として機能しやすいようになっている。

　学校図書館支援センターでは，「学校図書館活用に関する調査研究」「学校図書

館に関わる各種研修会の企画立案・実施」「学校図書館アドバイザーによる学校図書館支援（読書教育，学校図書館業務への指導・助言・協働）」「物流ネットワークの運営・調整」「情報ネットワークの整備・保守」「学校図書館活用年間計画，学校図書館チェックリストのとりまとめ」「学校図書館支援センター通信の発行」などの業務に取り組んでいる。

　また，充実した学校図書館運営を支えるために，教育センターだけではなく教育委員会の関係する課と協力・連携をしている。

（4）若年層教員の研修について

　若年層教員が増えたことを受けて，4年目教諭を対象とした学校図書館活用の研修を行っている。先輩教諭による学校図書館を活用した授業を参観後，自校で実際に授業を実践する研修である。授業実践の内容は，「学校図書館活用報告書」という形にまとめ教育センターへ提出し，優れた実践は研究紀要で紹介している。研究紀要は，各学校へ配付するとともに，1～4年目教諭全員へ配付している。また，研修の事前と事後に学校図書館活用に関するアンケートを実施し，若年層教員の意識向上を図っている。

3．おわりに

　本市の学校図書館ネットワーク事業は，子供たちや先生方に毎日の授業で豊富な図書を提供したいという願いから始まった。現在，年間約50,000冊の図書資料が物流ネットワークによって貸し出され，平成29年度の学校図書館を活用した授業実施単元数は，6,530単元であった。どの教員も学校図書館を日常的に活用できるように，今後も学校図書館支援センター事業の充実を図りたい。

【参考文献】
・市川市学校図書館支援センターリーフレット「市川市の学校図書館　生きる力・夢や希望を育む学校図書館」平成29年度
・学習情報研究　2009年11月号　通巻211号P30～33　発行所　公益財団法人学習ソフトウェア情報研究センター
・学習情報研究　2011年3月号　通巻219号　p52～53　発行所　公益財団法人学習ソフトウェア情報研究センター

> **POINT!** 学校図書館にいち早く学校司書を配置したこと，物流ネットワークを構築したこと，学校図書館支援センターの立ち上げの段階から学校・地域・行政が一体となって取り組んできたことが，永きにわたり事業を続けてこられた大きな要因である。また，「市川市のめざす学校図書館像」を掲げたことで，市内のどこの学校でも安定した学校図書館運営が行われている。

<u>編者のひとりごと：「ここがいいね！」</u>
○教育センターに，学校図書館支援センター事業を担当する指導主事が配置されている。
○教育センターは学校教育部に所属するが，市中央図書館と同じ建物内にあるために，常に公共図書館の担当者と相談ができる。また教育センター内には教職員研修や情報教育分野等の担当指導主事も配置されているので，学校図書館支援センター事業が機能しやすい。
○充実した学校図書館運営を支えるために，教育センターだけでなく教育委員会の関係する課と協力・連携している。
○若年層教員（4年目教諭）対象の学校図書館活用の研修を実施している。

20 学校図書館と教育委員会／学校図書館の運営

小学 中学 高校 特支 公共 教委

学校図書館担当者を支える学校図書館活用アドバイザー
～教育委員会の学校図書館施策（市）～

1．はじめに

　亀山市には，中学校3校，小学校11校があり，小学校は6校が学年1クラスの小規模校である。平成25年度から学校司書が段階的に配置され，今では6名の学校司書が，1日約7時間ずつ，小規模校には週1日，それ以外の学校には週2日配置され，2名が2校を3名が3校を兼務している。ボランティアの協力を得ている学校は半数以上ある。パソコンでの貸出返却も平成26年度から始まった。蔵書も学校図書館図書標準を全校で100％達成している。しかし，図書館の活用状況は学校ごとに差があり，読書量にもばらつきがあった。そこで，平成29年度から，新たに学校図書館活用アドバイザーという役職が設置され，司書教諭として長年図書館運営に関わってきた元教員がその任に着くことになった。1日4時間，年間168日の勤務で，市内の小中学校をおよそ月に1回ずつ訪問し，図書館活用授業や図書館運営の支援をしている。今は試行錯誤しながら，よりよい方法を模索しているところである。訪問は学校司書の勤務日に重ね，午前中4コマの授業のうち3コマを活用授業とし，残りの1コマを学校司書や図書館担当教員との打合せ，あるいは図書館運営の支援に当てることにした。

2．具体的な支援

（1）図書館担当教員や司書教諭への支援

　図書館担当の教員は，ほとんどが担任との兼務で，学校司書との打合せにもなかなか時間が取れない。さらに，担当は1年ごとに変わることもあり，初めて担当になり，どのように進めていけばいいのか悩んでいる教員も多い。そこで，各校の事情によって困難な場合もあるが，担当教員の授業の空きを学校司書の訪問曜日に設定してもらうように依頼し，学校司書との連携を取りやすくした。それにより，アドバイザーとも訪問授業の打合せや図書館運営の相談の時間が確保しやすくなった。

（2）学校司書への支援

　学校司書への支援は，各校の実情に応じて，選書，廃棄，配架，読書の質や量の向上に向けた環境整備などを共に考えている。教員との連携や授業協力の具体的な方法についてもアドバイスしている。また，月に1回，市教委の担当者とア

ドバイザーと学校司書が集まる会議を持ち，話し合いや研修をしている。各校に分かれ勤務している学校司書同士のつながりも生まれ，協働しやすくなった。
（3）読書推進や図書館活用の授業
　アドバイザーとしての一番大きな仕事は，読書推進や図書館活用の授業を行うことである。読書量を増やし，読書の質を高め，自分で調べて学ぶことができる力を育てるための授業を考え，実践している。略案や資料を提供し，月に1回の訪問だけでは学年全ての学級で授業をすることができない学校でも，誰もが同じ授業をしやすくしている。
　4月には図書館オリエンテーションを行い，図書館のルールやマナーを確認するとともに，新年度最初の貸し出しを行う。他地域での実践を参考に，図書館のきまりを「㋱静かにしよう　㋐あいさつしよう　㋗忘れません，バーコードと手提げ袋　㋜整理整頓」の4つの項目の頭文字「し・あ・わ・せ」を合い言葉としてジェスチャーと共に楽しく伝えた。1年中，どの学校へ行っても，「し・あ・わ・せ」のフレーズだけで，基本的なルールが確認できる。これは，教員へのオリエンテーションでもある。最初に統一した指導を全校に行うことが図書館の利用促進の基本となると考えた。
　教員からの授業要望が最も高いのが，「読書感想文指導」である。読書感想文をなぜ書くのか，から話を始める。本選びから，読み方，構想メモ，文の構成の工夫，推敲，課題図書の紹介までを指導した。担任を対象として，夏休みに研修会を行ったり，指導資料を提供したりもしている。
　3年前から新聞購読用の予算が確保され新聞を活用した授業が行える体制が整っている。新聞の活用のオリエンテーション的な授業として，陸奥賢（むつさとし）氏考案の「まわしよみ新聞」を1時間の授業に設定した。新聞を2〜3人のグループで読み合い，気になった記事を切り抜いて，グループで大きな新聞を作り，紹介し合う活動である。小学校では，小学生新聞，中学校では一般紙を使った。新聞を読み，自分の思いを話したり書いたりすることで，子供たちが新聞に興味を持つきっかけとなった。教員にも，ワークショップ型の研修会をして，広がりをめざした。さらに，記事を読んで三択問題を作成したり，コラムの読み取りをしたり，ミニ切り抜き新聞作りをしたりなど，様々な新聞活用の授業を行った。学校司書は，新聞記事と本を関連づけて展示したコーナーを作っている。

新聞と本の展示

また，本の紹介や絵本の読み聞かせも数多く行った。目を輝かせて本に見入る子供たちの姿を見て，担任が，子供たちを図書館に連れて来たり読み聞かせをしたりする回数が増えて，活用が進む。中学年以上では，読書の意義についても，伝えるようにした。「楽しみながら，読む力，想像力，考える力を伸ばせるのが読書だ」という話をすると，子供たちの読書に対する意識が変わってくるように感じる。

　読書量の目標を設定するだけではなく，質を高める取り組みも実践している。小１では，たっぷり絵本の世界に触れることを勧める。小２では，絵本から読み物への移行となるような本の紹介をした。中高学年では，本選びに迷う子も多いので，シリーズやおすすめの作者の本を紹介した。学校司書に，蔵書の中からシリーズの本のプリントを作ってもらい，各自で読書の記録ができるようにした。「○○シリーズ読破！」として，名前を張り出し，励みにしている学校もある。

　中学生には，読んでほしい作家を蔵書に応じて各校で８人選び，その作品を読んでみようと呼びかけた。国語科の教員にも働きかけ，「８人の作家＋自分の好きな作家」の９人をマスにして，読んだ日付と題名と感想を記録できるようなプリントを作り，ノートの表紙裏に貼って評価の対象の一つとして授業の中に取り入れてもらっている。

　図書館で調べ学習をするためには，本を使って調べる能力の育成が求められる。小２に「もくじ」「さくいん」を使って図鑑での調べ方を指導し，小３には百科事典の使い方を指導した。学習を充実させるため，各校の百科事典に，出版社からお借りしたものも加えて授業を行った。図鑑や百科事典を使って，身近なことを調べる楽しさに触れる中で，その便利さがよく理解され，活用されるようになった。

　図書館の本が分類記号に沿って並べられていることが理解できると，本を探すことが容易になる。低中学年では，分類記号や図書館の本の並び方について説明し，日本十進分類法（NDC）の替え歌を紹介した。すぐに覚えて，廊下を歩きながら歌う児童も現れ，分類記号について意識できるようになってきた。５年生以上では，NDCを学んだあと，「図書館で調べてみようクイズ」を出して，百科事典以外の本で答えを探した。分類記号を手掛かりにすると，調べたいことが書いてある本が探しやすいことを，実感することができた。

　３学期に，日本絵本賞読者賞を選定する投票活動を呼びかけたところ，平成29年度と30年度は，市内全ての小中学校が取り組んだ。訪問日の授業で，小学校の低中学年には読者賞候補絵本の紹介や読み聞かせを，高学年には１冊ずつ読んで紹介スピーチをしてもらった。中学生には，POPカードの作成をして紹介

しあう授業をした。主体的な活動を入れると，子供たちが，より意欲的に取り組むようになる。各校にビンゴカードの例を提供したので，ビンゴの形式で取り組む学校が多かったが，委員会の活動と連動させたり，全職員で毎日読み聞かせをしたりなど，各校で工夫した取り組みが展開された。3月には投票を集計し，亀山絵本賞読者賞も発表した。

伝記は，偉人の人生や業績を学ぶことができ，自分の将来の指針をつかむきっかけともなる。多くの伝記を読んでほしいと思い，「はじめての伝記101人（講談社）」や「10分で読める伝記（学研）」を分解して，人物別に薄い冊子を作り，授業の中で読ませて，感想の交流をした。伝記の棚の場所も紹介したので，興味を持った人物の伝記を借りて読むようになった。

読書の重要性や図書館活用授業の仕方やNIEのワークショップなど，職員研修の依頼にも応じている。長期休業中には，学級文庫の整理なども手伝った。

3．おわりに

図書館活用アドバイザーが設けられたことで，各校の取り組みの差が小さくなり，特に中学校入学の段階で，生徒の学習履歴が揃うことになった。「図書館祭り」や「読書週間」の他校の事例などの紹介も可能になり，経験年数が少ない担当者でも，アドバイスを参考に取り組みを進めることができるようになった。

しかし，行事と重なって訪問日に授業の設定が難しかったり，大規模校では要望に対して授業のコマ数が足りなかったりする。授業の要望や学校規模に応じた訪問回数の調整や，勤務日や時間を増やすといった見直しも必要である。アドバイザーが一人で各校の要望に応じきれないこともある。学校図書館支援がチームであたれるような体制作りが望まれる。

POINT!
教員の年齢構成のアンバランスさもあり，どのように図書館運営を進めればいいのか，悩んでいる司書教諭や図書館担当教員は多い。図書館の意義や司書教諭の役割を伝え，具体的な活用の仕方を授業などの形で支援できる体制を整えることが，急務であると考える。学校司書に対しても，同じである。学校図書館について，経験豊富な人材を育てることが，継続した取り組みにつながる。

21 学校図書館と地域との連携／学校図書館に携わる教職員等

小学 中学 高校 特支 公共 教委

学校図書館教育充実への支援
～公共図書館と学校図書館～

1．白山市の学校図書館

　石川県白山市内小中学校の学校図書館の特徴は，経験豊かな学校司書が高いスキルで図書館運営に携わっていることである。安定した学校図書館があるからこそ，市立図書館との連携体制がしっかりと構築でき，支援センターも効果的な学校図書館支援を行うことができる。

（1）学校図書館の状況

　平成10年度，旧松任市（現白山市）小中学校全13校に専任で正規の学校司書が配置された。これが好機となり翌年以降，近隣自治体にも配置が進み，平成17年度1市2町5村の市町村合併による白山市誕生と同時に全校配置となった。現在，小学校19校，中学校9校，計28校（小中併設校1校含む）。学校司書27人のうち正規職員15人，非常勤職員12人（非常勤も正規と同等のキャリアあり）。

　学校司書は，先生方と同じ勤務体制のため，児童生徒との信頼関係を深め，また，打ち合わせや職員会議，校務分掌，研究授業にも参加し，先生方と協議し情報を共有することで効果的な図書館活用の推進を図っている。

　平成30年度の白山市教育委員会指導の重点は，学校図書館教育の充実。「学校図書館を活用した各教科の授業実践」「確かな学力の育成のための調べ学習や読書指導の充実」に向け，司書教諭，学校司書が中心となって働きかけ，学校全体で取り組んでいる。

（2）司書部会

　本市は学校図書館の充実に力を入れている。それを支える学校司書の研修として毎月司書部会を開催。学校司書，学校図書館担当の指導主事，市立図書館の学校支援担当者，支援センター職員が集まり，協議，情報交換，研修報告，グループ研究などを行う。経験の浅い司書がベテラン司書にスキルを伝授してもらう場，また，一人職場の司書同士が顔を合わせて相談できる場でもある。

　グループ研究では，今日的課題からテーマを決め1年かけて研究し，成果は皆で共有し

4階図書館：昼休み毎日約200人来館。貸出の列が廊下にも（白山市立松任中学校）

ている。またその後，改善点を持ち寄り検討するといった一方通行でない活動ができるのが司書部会のよい点である。これにより学校司書のチームワークも深まり，校種間の異動にも対応でき，継続して質の高い図書館サービスを提供できる。支援センターもこのチームワークの輪に入ることよって，学校の状況を把握し，信頼関係を築き，的確な学校支援ができるように努めている。

２．白山市学校図書館支援センター

　平成19，20年度に文部科学省「学校図書館支援センター推進事業」の地域指定を受けスタートした。この２年間で支援センターが重要な役割を担うことが確認され，事業終了後も存続している。市立松任図書館内にあり，非常勤職員２名が専任で業務を行っている。同館が，平成14年度の新築移転の際，学校支援の拠点スペースとして「学校図書館支援室・学校図書館支援室書庫」を設けていたため，この場所を支援センターとした。次に日常の業務からいくつか紹介する。

（１）学校配送

　白山市は，県内最大面積，日本海から白山国立公園まで自然豊かな市域で，小中学校28校の規模・位置も様々であるが，週２回（収集日と配達日）支援センターを拠点とする配送システムにより，全ての学校に充実した図書館サービスを受けられる環境が整っている。また，市立図書館と学校図書館の資料を効率的に集めることで資源共有化が実現し，豊富で的確な資料を提供することができている。

　学校間の相互貸借，市立・県立図書館と学校図書館間の貸出・返却全ての資料が支援センターに集まる。図書館を活用する授業が多い時期は，配送用コンテナが50箱以上，１校への荷物が10箱を超えることもあるが，学校図書館が４階にあっても運んでもらっている。

　学校図書館支援室書庫には，授業でより活用しやすいように，百科事典16セット，年鑑各年40冊及び使用時期が重なる資料の複本を多数揃えている。支援センターでは日々，学校からの資料依頼やレファレンスを受けている中で必要な資料をチェックし，学校司書からの要望も受けて蔵書を構成。この書庫資料は，学校への貸出が主であるが，夏休み期間中は，調べ学習コンクール応募作品の制作や宿題で市立図書館に来る子供たちにも提供し，有効活用している。

（２）学校図書館の各種データ集約

　支援センターは，「配送実績」「学校図書館を活用した授業実績」「利用指導実績」「学校からのレファレンス実績」を作成し，学校に提供している。

　「学校図書館を活用した授業実績」は，全校の図書館を活用した授業の教科・単元・時期が学年ごとに一覧で分かる。百科事典，年鑑，図鑑などの「利用指導

実績」は，児童生徒が身に付けるスキルに差がないよう小中学校9年間を見越した指導を考える時に使える。また，学校図書館年間計画の作成時や他校の実践を参考にして先生方へ図書館活用を促す際の資料としても使われている。使用時期の重なりも分かるため，学校司書や支援センターが，1年間の見通しを持って資料を準備することも可能である。「学校からのレファレンス実績」は，データを蓄積し，過去の記録を参考に，新刊本や学校の図書予算ではなかなか購入できない資料，また，知的好奇心に働きかける資料を追加して学校に届けている。

　学校では，授業の予定変更もある。急に必要になった配送日間際の資料依頼や，慌てて来館した学校司書に対応できるのも支援センターがあるからこそだ。

(3) 広報活動

　学校図書館，市立図書館を問わず図書館で行っていることは，意識して見えるようにしないと伝わりにくい。支援センターのHPでは，業務内容や司書部会グループ研究の内容，調べ学習コンクール関連情報などを発信している。

　また，学校図書館の活用につながる情報提供を目的に，支援センターだよりを発行。多忙な先生の目に止まるよう一人一人に配付するなど工夫している。図書館を活用した授業実践，工夫を凝らした読書活動，調べ学習コンクールなどを掲載し，学校図書館の実践や市立図書館の事業を目に見える形で伝えている。

(4) 学校展示

　児童生徒が授業で作った本のPOPや紹介文，レポート，読書感想画などは，保護者以外は，あまり目にする機会がない。ぜひ地域の方々にも見てほしい，学校の活動を知ってほしいとの思いから学校展示を企画した。作品は関連本と一緒に松任図書館に展示。それを見る来館者の目は，興味深く，そして温かい。それは子供たちの刺激にもなる。最近，学習のゴールを「松任図書館に掲示して，市民のみなさんにも発信しよう」としている学校があると聞き，予想以上の効果を嬉しく思う。今後も児童生徒の学びに関わる展示を継続したい。

3．市立図書館と学校図書館の連携事業

(1) 白山市図書館を使った調べ学習コンクール

　白山市図書館の利用促進及び市立図書館と学校図書館の連携を深めることを目的に開催され，平成30年度は13回目になる。日頃の授業での調べ学習の指導，過年度の優秀作品複製をいつでも活用できるよう全校に配付，市立図書館での「調べ学習チャレンジセミナー」の実施，家庭の理解協力といった様々な要因で，回数を重ねるごとに作品の質，応募数とも向上している。第1回目は90点だった応募数が，今年度は2,324点と約26倍になった。

校内審査後，校長，指導主事，教諭，司書教諭，学校司書からなる審査員の二次審査，最終審査を経て入賞作品が決定する。表彰式では，優秀作品の解説も行い，次年度につなげている。作品は，公益財団法人図書館振興財団主催の「図書館を使った調べる学習コンクール」へ出品し，過去には文部科学大臣賞を受賞した。

(2) 白山市立図書館ビブリオバトル中学生大会

市内の松任中学校では，平成25年度から「生徒会＆PTAビブリオバトル」を開催。毎回，バトラー希望多数，会場を埋め尽くす観覧者という人気ぶりだ。学校の担当者から勧められ，市立図書館での開催がスタートした。中学校9校から各1名代表者が出て，2地域に分けて実施。チャンプ本にはトロフィーを授与，学校ではビブリオバトルコーナーができ，これを機に校内でのビブリオバトルも普及してきた。この大会が読書推進の一助となることを期待している。

4．おわりに

白山市は，長年，図書館に携わる人々がそれぞれの立場で学校図書館の充実に力を注いできた。これからも支援センターは，これまで積み上げてきた歴史を大切にし，学校図書館と市立図書館をつなぎ，「支援」というよりも，お互いが頼れる仲間として学校司書と「連携・協力」し，教育課程に寄与する学校図書館を支えていきたい。また，今後，学習指導要領の改訂でさらに増える学校図書館を活用する教育に，迅速かつきめ細やかに対応し，求められるものを見極め，支援センターだからこそできる役割を考え続けていく。

POINT【学校司書を専任で全校配置】

これにより司書教諭と学校司書との強固な連携体制ができ，学校全体を巻き込む図書館教育が推進できる。専任の学校司書は児童生徒にとって身近であり影響力は大きい。また，学校支援は，それを受け止める機能する学校図書館があってこそ成立する。市立図書館，支援センター，学校図書館が情報共有し，お互いを理解し，高め合っていける関係であることが重要だと感じている。

子供たちの読書による学び・成長を支援
～公共図書館と学校図書館～

1．はじめに

米子市立図書館（鳥取県）は，1990年9月に鳥取県から移管されて以来，現在に至っているが，施設の老朽化のため，2013年8月に長寿命化の増改築工事により，リニューアルオープンした。

当館は，本館のみの独立館で，現在，職員18名で図書館運営にあたっている。

平成29年度末現在で蔵書数は約31万冊，平成29年度年間貸出冊数は約65万冊で，年間来館者も31万人を超え，リニューアルオープン以来，順調に利用実績を伸ばしてきている。

また，本市の学校数は，小学校23校（7,986人），中学校が10校（3,648人）で，学級数は小学校が359学級，中学校が149学級となっている。

2．米子市立小中学校図書館への人員配置

OA機器の進展やIT（情報技術）の発達に伴い，子供たちの図書離れや活字離れが進む中，米子市教育委員会は，学校図書館の機能充実を図るため，平成9年度から平成12年度にかけて市内小・中・養護学校（全33校）の各校に1名ずつ専任の図書職員（現在では学校司書）を配置した。（2005年に淀江町と合併して市内全34校に配置）

また，平成14年度からは鳥取県教育委員会により，市立全小・中・養護学校へ司書教諭が配置された。

3．学校図書館へのリクエスト貸出と長期貸出

(1) リクエスト貸出（通常）

リクエスト貸出とは，平成13年度から行っている各学校からのリクエストに応じ図書を配本するシステムで，現在では週4日配本を行っている。

学校図書館が市立図書館にリクエスト図書を申し込むには，「テーマリクエスト」あるいは「書名リクエスト」として，FAXまたはEメールで申し込むこととしている。

特に，テーマリクエストの場合には，テーマに沿った内容の図書を市立図書館の司書が選び，梱包の簡素化・資料保護のための専用袋に入れ，市の公用車で学

校へ配本する。そして，学校に届いた図書は学校図書館を通じて，授業や個人学習，読書に活用されている。

　なお，貸出期間は4週間であるが，貸出冊数には制限を設けてはいない。

（2）長期貸出（学期単位）

　長期貸出とは，リクエスト貸出と同じく，平成13年度から行っている事業で，学期はじめに配本，学期末に回収を行っている。

リクエスト本の貸出準備の様子

　長期貸出用の図書は，図書館内にある学校支援室で，コンテナ1箱40冊単位でセット組を行い，市の公用車を使って配本している。

　なお，貸出期間は，児童生徒数を目安に，学期または1年間貸出を行っている。

　こうした長期貸出した図書は，各学校の学級文庫として主に朝の読書活動に利用されている。

4．学校図書館蔵書のデータベース化

　平成13年度から15年度にかけて，文部科学省の学校図書館資源共有型モデル事業として，米子市立小・中・養護学校及び米子市児童文化センターの所蔵図書をデータ化することで，学校間での資料検索が可能になった。

　また，2003年11月からは，学校間の相互貸借についても，米子市立図書館を中継地とし，市の公用車を利用し配本できるようになった。

　そして2008年9月，学校図書館業務システムのバージョンアップにより，パソコン上で学校間のリクエスト貸出の申込みが可能となり，学校間での貸出はさらに活発に行われている。

5．市の公用車による配本・回収システムの確立（米子方式の確立）

　米子市役所では，従前から公用車により，市内小・中学校，公民館等を巡回して文書の配送を行ってきた。

　そこで，平成13年度からそのシステムに，米子市立図書館から，市内小・中学校図書館へのリクエスト貸出図書の配本を加えることにより，効率的に図書が学校へ配送されるという物流システムが確立された。

　また，平成16年度からは学校間でのリクエスト貸出も加わり，米子市立図書館を中継にして，このシステムによる配本・回収を行っている。

　具体的には，リクエスト貸出の配本については，総務管財課車両係の職員が，

公用車である普通ワゴン車で，月・火・木・金曜日の週4日，学校へ配本及び回収を行っている。

そして，学校への配本・回収を終えた公用車は，米子市立図書館に立ち寄り，翌日分の図書を積み込み，翌日の配本に備える。

また，長期貸出の配本・回収については，リクエスト貸出とは異なり，学期初めと学期末に米子市教育委員会事務局の職員が，公用車のトラックを使い，配本等を行っている。

こうした，市の公用車によるリクエスト貸出・長期貸出の配本・回収の方法を「米子方式」と呼んでおり，現在でも，市役所担当課・市立図書館・市内小中学校が連携しながら，物流の確保を継続して行っている。

ちなみに，平成29年度中のリクエスト貸出冊数は7,923冊，長期貸出冊数は11,720冊の実績となっている。

6．「ふるさと米子探検隊」の発行と郷土資料の収集・提供

「ふるさと米子探検隊」とは，2004年から米子市立図書館が発行し，現在では20号まで発行している，小中学生向けの調べ学習ガイド冊子である。

発行当時，調べ学習での図書館活用が進む一方で，子供向けの郷土資料が少なく，子供たちが自分で資料を探すことが難しいことも課題となっていた。

そこで，鳥取県の「地域輝く子どもの読書活動推進事業」の一環として，調べ学習や総合的学習の支援，子供たちが米子の町や歴史，文化や産業などについても調べることができ，また，地域文化の伝承活動の一環となりうるため，「ふるさと米子探検隊」を作成することとなった。

冊子の内容は，米子城，米子の民話，川とくらし，大山入門（自然編），米子の産業，環境などのテーマごとに，概要を分かりやすく説明する他，子供たちが自主的に学習を発展できるよう，図書館で閲覧できる参考文献も掲載している。冊子は，A4判の8ページで，市内の小・中学校の全学級に1部ずつ配布し，専用のファイルに綴じて，長期休暇の自由研究や総合的な学習の参考にしてもらっている。

その他『冒険の書：よなぽんのふるさとガイドブック』と『大山の参考資料リスト』を2018年に作成し，子供たちが郷土資料を探す際の探し方や，本や資料の内容を紹介している。

7．その他の活動

（1）図書館見学の受入れ

申込みのあった学校に対し，館内案内・利用ガイダンス・読み聞かせなどを行っている。

なお，平成29年度中は，市内10校から529人が図書館見学に来られた。

（2）学校図書館職員との連携

学校図書館の学校司書等との連携を図るため，毎年，学校司書研修会へ市立図書館の司書を派遣し，情報交換や推薦本の紹介などを行うとともに，学校司書及び司書教諭の合同研修会へ人的支援を行っている。

（3）県外から視察状況（学校支援関係）

学校への公用車による図書の配本方法が，全国的に注目を集め，多くの方々が視察に来られた。

平成19年度からの学校支援関係の視察受入状況は，27団体で，その内，地方公共団体の議員団が22団体，行政職員・図書館関係者が5団体となった。

特に，議員の方々の視察が多く，図書の配本に係る「米子方式」に対する関心の高さが伺える。

8．最後に

平成13年度から本格的に行ってきた学校支援は，システムとしては順調に定着してきた。

しかしながら，学校における調べ学習の際に教材となる図書が不足したり，学校間で必要とする時期が重なり，図書の必要数を確保できない場合がある。

また，各学校で活動していただいている読書ボランティアグループと情報共有ができていないため，連携が取れないこと，また，高学年に進むにつれての読書離れに対する対応が，今後の課題となっている。

> **POINT!**
> 1997～2000年にかけて，各学校の図書館に専任の図書職員を1名ずつ配置し，2001年から市の公用車を使って，市立図書館から各学校図書館へ図書の配本・回収を開始（米子方式）したように段階的・計画的に学校図書館を充実させてきた。2004年からは，小中学生向けの調べ学習ガイド冊子である「ふるさと米子探検隊」などを発行し，児童生徒向けの郷土に関する調べ学習に役立っている。

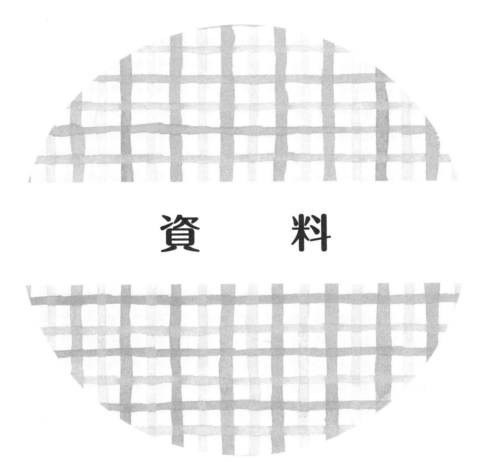

資　料

学校図書館担当者（司書教諭・学校司書等）のための学校図書館の仕事ステップアップ

◇学校図書館の仕事を、3つのステップにレベル分けしました。

ステップ1	読書活動を支援する図書館
ステップ2	学習／教育活動を支援する図書館
ステップ3	学習／教育の基盤（インフラ）としての図書館

◇学校図書館の仕事を、左記のように7つの領域に分けました。これは、「これからの学校図書館担当職員の職務、役割・職務遂行能力の質的向上方策等について（報告）」（『これからの学校図書館担当職員に求められる役割・職務及びその資質能力の向上方策について（報告）』文部科学省 2014.3）に説明された職務内容をもとに、さらに「学校図書館ガイドライン」（『これからの学校図書館の整備充実について（報告）』文部科学省 2016.10）を参考にして領域を構成したものです。

◇表中の（小）は小学校、（中）は中学校、（高）は高等学校、（特）は特別支援学校を指し、特にその学校種に必要な項目を挙げています。

◇項目によっては再掲もあります

◇各ステップの各項目について、○実行している、△検討中あるいは計画中、×検討していない、というようにチェックしてみてください。チェックするうちに、こんなこともできると可能性を拡げることにつながります。

◇各項目は、上記報告等や学校図書館担当者からの情報等によるものです。学校によって事情が異なりますから、各学校の事情に合わせた項目を拾い出して自校のステップアップを図ってください。また、学校図書館担当者の配置状況も学校によって異なりますから、臨機応変に役割分担をして学校図書館がよりよく機能するように工夫してください。

◇各ステップの項目は網羅的ではなく、気が付いたものを列挙しているにすぎません。皆さんの学校でひとつひとつすばらしい実践を積み上げていってください。

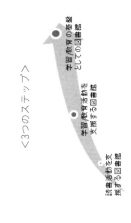

<3つのステップ>

学習／教育の基盤としての図書館

学習／教育活動を支援する図書館

読書活動を支援する図書館

<7つの領域>

1. 学校経営における学校図書館
2. 学校図書館機能の充実
3. 児童生徒や教員に対する「間接的支援」
  3.1. 図書館資料の管理
  3.2. 施設・設備の整備
  3.3. 学校図書館の運営
4. 児童生徒や教員に対する「直接的支援」
  4.1. 閲覧・貸出
  4.2. ガイダンス
  4.3. 情報サービス
  4.4. 読書推進活動
5. 教育目標を達成するための
  「教育支援・指導」
  5.1. 教科等の支援・指導
  5.2. 特別活動の支援・指導
  5.3. 情報活用能力育成の支援・指導
6. 教員への支援、教員との協働
7. 学校図書館担当者のキャリア・アップ

161

	ステップ1 読書活動を支援する図書館	ステップ2 学習／教育活動を支援する図書館	ステップ3 学習／教育の基盤（インフラ）としての図書館
1. 学校経営における学校図書館の位置付け			
学校経営における学校図書館の位置付け	□校務分掌に図書館担当が明記されている □学校図書館運営委員会がある □年間活動計画及び年間活動報告を職員会議に諮っている	□職員会議で承認を得た図書館運営方針がある □図書館活用計画が学校全体計画があり、学校図書館活用とか関連付けられている □学校教育目標の達成や指導方法の向上が図られている、その指導計画や指導方法に司書教諭、図書館委員会に司書教諭が含まれている □研究推進委員会に司書教諭が含まれている	□学校図書館の活用が学校経営方針に含まれている □学校図書館運営委員会の他に学校図書館活用委員会があり、その委員会に司書教諭と学校図書館司書が含まれている □全校で読書力と情報活用能力を教科横断的な体系的に育成する計画があり、カリキュラムマネジメントが含まれている □（高）SSHやSGHなどのプログラムに司書教諭の導入があるいは基盤的プログラムとして図書館活用プログラムが位置付けられている □学校図書館活用の評価が学校評価に含まれている
2. 学校図書館機能の充実			
3つの機能：読書センター、学習センター、情報センター	□全ての児童生徒が図書館を居心地のよい場所と感じている □全ての児童生徒が本と心地よく出会うことができる □児童生徒が読書を楽しいと感じることができる □読書推進活動が展開されている □「図書館の自由に関する宣言」を利用者に知らせている	□児童生徒が読書を楽しくて役に立つと感じることができる □読書指導が行われている □複数の教員が教科等の授業において資料や情報を活用している □資料や情報を利用することにより教科等の学習が豊かになること、深まることを複数の教員が体験している □情報活用スキルを教える教員がいる	□担任、授業者、学校司書が連携して日常的に図書館活用を展開している □学習における資料や情報の組織的な利用を推進している □学校全体で組織的な系統的に推進している、年間指導計画を立てて学校全体で情報活用能力と読書力の育成について組織的に推進している □情報活用能力と読書力を育成するための体系表を作成して学校全体で組織的に推進している □児童生徒が生涯にわたって読書に親しむ姿勢を涵養している
3. 児童生徒や教員に対する「間接的支援」			
3.1. 図書館資料の管理			
図書館資料の選定・収集・廃棄	□利用者のニーズや蔵書構成を考慮して選定・収集している □授業のねらいに応じて図書を整備している □（特）点字資料や録音資料等を整備している □自校の蔵書構成比率を把握している □「学校図書館資料標準」を達成するように努めている □古い図書を廃棄し随時新しい図書に買い換えている	□資料収集方針や選定基準、廃棄基準を明文化している □選定基準に沿った図書館資料の選定・収集をしている □教育課程の展開に必要な資料を積極的に収集している □参考図書や雑誌を整備している □視聴覚資料を積極的に収集している □新聞や雑誌を購読している □ファイル資料を整備している □（小・中）地域資料を収集している □（高）主権者教育や英語多読、SSH・SGHの取り組みとの関連を図って資料を収集している □（特）DAISYやLLブックや等を収集している	□児童生徒の学習成果物を収集している □授業時の配布物、指導案等を収集・保存している □自校作成ツール（地域資料索引など）を整備している □（小・中）新聞切り抜きや記事索引（データベースを含む）を整備している □（中・高）自校作成索引を整備している □（小・中）教材研究のための各学年の教科書及び指導書を図書館コレクションに常備している □教職員用コレクションを整備されている

162

項目	チェック項目		
図書館資料の発注・受入・登録・分類・配架・装備・保存・補修・廃棄	□ 図書館運営委員会や図書館部会で承認された資料購入計画に応じて発注している □ 日本十進分類法に沿って分類・配架している □ 蔵書点検、書架点検を行っている □ 資料の汚破損を適切に処理したり廃棄処理を行ったりしている □ 本の装備、補修に必要な消耗品を常備している	□ 資料の発注は必要に応じて適時行っている □ 分類記号を細・綱・目の3ケタまで発注している □ OPAC、目録等の資料検索手段を整備している □ 児童生徒が探しやすいように棚見出し（棚板につける）や分類仕切り板（本の間に挟む）を多く作っている □ （特）児童生徒が本を戻せるように分かりやすい工夫をしている	□ 校内の資料を一元的に管理している □ 廃棄資料のうち保存の必要なものは公共図書館などに移管している
図書館資料の展示	□ 新着資料のコーナーを設けている □ 季節・行事などのテーマの展示をしている □ 面出しにする等、展示の工夫をしている	□ 授業や調べ学習のテーマに合わせて展示をしている □ POPなど児童生徒が利用できるような展示を工夫している	□ 児童生徒の作品など学習成果物を展示している □ 校内の図書館以外の場所で資料の展示をしている □ 児童生徒の知的好奇心の醸成に資するような展示を工夫している
学級文庫等における資料管理	□ 小学校低学年は学級文庫の設置が必要な場合もあるが、学級文庫は設置せずにいつでも必要なときに学校図書館から貸出し利用を促す □ （小）入学直後の1年生用には幼児絵本も含める	□ （小）担任と打ち合わせて定期的に内容更新する	□ （小）学習単元に応じて一定期間ごとに学校図書館から貸出し利用している

3.2. 施設・設備の整理

項目	チェック項目		
施設案内・利用案内・書架案内の設置	□ 担当者（学校司書、司書教諭等）の紹介表示がある □ 館内案内図を作成している □ 書架見出し（書架の上に置く） □ （小・特）案内板や表示に図や絵を添えるなど分かりやすくしている	□ 案内掲示を見やすく分かりやすく親しみやすく工夫している □ 館内の空間を利用して分類掲示を多く作っている □ 書架に棚仕切り板を利用して分類掲示や配架方法に関する説明を多く作っている □ NDCや請求記号、配架方法、配架方法に関する説明を館内に掲示している	□ 分類記号とキーワードの対応表（相関索引）を作成し掲示している □ 相関索引と館内案内図を関連付けて掲示している □ 校内案内図に図書館の標識や案内を掲示している
環境整備 保守・点検	□ ゆとりある読書スペースや学習スペースがある □ 整理整頓が行き届き児童生徒が居心地よく感じられる環境づくりがある □ 児童生徒の動線・目線など室内環境の整備 □ 書架の転倒防止等、安全管理が行われている □ 空調・照明など室内環境に配慮した環境整備 □ （特）児童生徒の個々のニーズに配慮した環境整備をしている	□ 授業できるスペースや、グループ学習できる大きさの机がある □ ホワイトボード・文房具等が自由に使用できる □ （小）椅子や机の角が滑らかな曲線など安全に配慮されている □ 机の角や配線・校内電話などが設置されている	□ 個人作業、グループ作業などのできる変化のある配置ができる家具がされている □ 非常時の避難経路が確保されている □ 事故や災害に対応した危機管理が定期的に行われている □ 避難・誘導表示が明確に行われている □ 学校図書館担当者が作成するスペースが確保されている

	ステップ1 読書活動を支援する図書館	ステップ2 学習／教育活動を支援する図書館	ステップ3 学習／教育の基盤（インフラ）としての図書館
3.2. 施設・設備の整理			
情報機器の整備・管理	□ 各種電子資料の再生機器が利用できる	□ 学校図書館管理システムが導入されている □ 蔵書検索用コンピュータがある □ インターネット検索が利用できる □ デジタルカメラ、ビデオカメラ、書画カメラ、プロジェクター、大型テレビ、タブレット端末などが利用できる □ 各種電子資料の再生機器、ホワイトボード、プロジェクターなどの器材を備えている	□ 図書館のデータベースに校内各所からアクセスできる □ 図書館専用の最新の情報機器（電子黒板、3Dプリンタなど）が揃っていていつでも利用できる □ 学校図書館管理システムが地域内図書館と共通使用できる
3.3 学校図書館の運営			
学校図書館や公共図書館等との連携、学校図書館担当者間の協力	□ 地域の公共図書館の団体貸出を利用している □ 公共図書館のレファレンスサービスを利用している	□ 学校図書館間で相互貸借を行っている □ 公共図書館や他の学校図書館担当者との情報交換会がある	□ 学校図書館ネットワーク物流システムがある □ 公共図書館でレファレンスの協力を行っている □ 学校図書館担当者の研修が行われている
広報・渉外活動	□ 学校図書館だよりを発行している □ (小) 全校集会、委員会活動などで資料活用が促進されるようにPRしている □ 図書館のキャラクターや愛称を募集するなどして親しみやすい図書館をめざしている □ 放送やPTAだよりなどの手段でも図書館をPRしている	□ 校内の図書館以外の掲示板等で広報をしている □ 学校図書館だよりを発行している □ 職員向け学校図書館だよりを発行している □ 図書館ボランティアやゲストティーチャーなどの人的資源情報をリスト化し校内で情報共有している □ (小) 教育課程の展開に関連して図書館の読み聞かせをボランティアに依頼している	□ ウェブサイトなど外部へ発信する手段がある □ 学校図書館ウェブサイトに携帯からもアクセスできる □ (高) SNSによって図書館から発信している □ 保護者会などで読書や学校教育の意義について伝えている □ 同一の中学校区で小中一貫の図書館活動について伝えている □ 公共図書館まつりや教育の日フェスティバルなど地域の中で一貫して学校図書館便りを紹介している
学校図書館の運営に関する業務	□ 学校図書館に鍵をかけていない □ 学校図書館を毎日開館している □ 学校図書館の運営方針を作成している	□ 運営委員会を開催している □ 運営計画に則って学校図書館を運営し、年度末に報告している □ 学校図書館担当者の業務引継ぎ用文書がある	□ 学校図書館運営マニュアルを作成している □ 学校図書館の中・長期計画を作成している □ 学校図書館評価が学校評価の中に含まれている
予算編成・執行業務	□ 学校図書館の予算案を作成している □ 学校図書館の決算案を作成している	□ 適正かつ効率的な予算案を執行している □ 予算案・決算案を図書館運営委員会で報告し承認を得ている	□ 図書館運営委員会や職員会議で会計報告を行い、活動の重要性や共通理解の促進を図っている □ 外部予算獲得に努めている

164

項目	チェック項目
利用実態調査、集計・評価	□貸出冊数、分類別蔵書数、利用記録などの統計をとっている □学校図書館に対する要望を把握している □学校図書館を活用した授業に関する調査を行っている □学校図書館利用実態を学期末や年度末に報告している □調査・報告を次年度の運営にフィードバックしている □学校図書館利用の満足度調査を行っている □自校の利用統計を他校と比較評価している □学校図書館評価の結果や改善計画を広く公表し、全校体制で学校図書館運営の質の向上に努めている □統計や学校評価の結果や改善計画を広く公表し学校図書館運営の質の向上に努めている

4. 児童生徒や教員に対する「直接的支援」

項目	チェック項目
4.1. 閲覧・貸出 利用案内、図書館資料の提供	□開館時にはいつでも本が借りられる □閲覧環境が整っている □児童生徒向け利用案内を作成している □利用者のプライバシーが守られている □お薦めの本のリスト等を作成している □地域の公共図書館から本を借りて提供している □教職員向け利用案内を作成している □予約サービスを行っている □長期休業中も貸出日を設けている
4.2. ガイダンス 学校図書館利用の指導・ガイダンス（オリエンテーション等）	□年度当初にクラス単位で利用指導を実施している □開館時間や貸出可能冊数等の利用方法に関する掲示をしている □随時、必要に応じて利用指導をしている □（小、中）調べ学習の手順を掲示している □（小、中）新任・異動の教員への利用指導を行っている □授業に参加して要望に応じたガイダンスを行っている □教員向け図書館ガイダンスを行っている
4.3. 情報サービス レファレンスサービス、調べものの相談、フロアワーク	□児童生徒や教員の資料に関する質問に回答している □（小）個別のニーズに応じて書架に直接案内したり、本を取り出して手渡ししたりしている □単元別・テーマ別の資料リストを作成している □パスファインダーを作成している □資料検索等の助言をしている □目次（索引）等の利用方法に関する説明をしている □役立つサイトやリンク集を紹介している □レファレンスの記録をとって活用している □他の情報専門機関への照会・案内サービスを行っている □リンク集を作成している □2次資料（索引）を作成している □教員向けにSDI（選択的情報提供）サービスを提供している □国立国会図書館の「レファレンス協同データベース」に参加している
情報検索、情報の収集・編集の記録、アドバイス	□本の探し方について助言している □情報検索を支援している（機器の操作など） □参考図書の使い方について支援・指導している（目次・索引など） □複数の情報を収集し比較検討している □情報カードの使い方を助言している □抜き書き・引用・要約・指導している □記述方法を助言している □出典の書き方を助言している □参考文献リストの作成を奨励している □情報検索を支援している（情報の信頼性判断など） □情報カード・新聞・レポート・意見文など（形式）に沿った適切な記述の仕方を助言している □著作権遵守に関する授業や教職員研修を実施している □ネットワーク情報資源の最新情報を把握して児童生徒や教職員に支援している

	ステップ1 読書活動を支援する図書館	ステップ2 学習／教育活動を支援する図書館	ステップ3 学習／教育の基盤（インフラ）としての図書館
4.4. 読書推進活動			
読書推進活動の企画・実施	□ 読書週間等を設けている □ 教職員やボランティアが読み聞かせを行っている □ 全教職員が読み聞かせに関する取り組みがある □（小）異なる学年の児童生徒に合わせ、関連図書資料の活用がある □ 季節や学校の行事に合わせ、関連図書資料の活用を呼びかけている	□ 講演会や読書集会等の読書行事を行っている □ おはなし会や一斉読書などの時間を設けている □ 読書感想文・感想画コンクールに参加している □ 読み聞かせ、ストーリーテリング、ブックトーク、アニマシオン、ビブリオバトル、リテラチャーサークルなどを行っている □（小）読書習慣を支えたり読書量を書くための早期トレーニングプログラムを提案している	□ 教科等の中に計画的に読書活動を組み入れている □ 読書記録を発達段階に応じて継続的に書かせるシステムがある □ 地域内の学校間で合同読書会などを行う □ 各種コンクールの事業に参加している □ 児童生徒が本の面白さや読書の楽しさを覚え、読書意欲を高めていくような活動を工夫している
児童生徒の興味・関心・発達段階、読書力に応じた図書館資料の案内・紹介	□ おすすめの本のリストを作成している □ 必要に応じて資料リストを作成している □ テーマ別資料リストを作成している □ 教科書に出てくる本の紹介・展示を行っている □ 個々の児童生徒の興味関心の把握に努めている	□ 主人公や本に出てくる料理などを工夫して作成している □ できる検索ツールや展示などを工夫して作成している □ 読書クイズを行って児童生徒の興味関心を高めている	□ 児童生徒の協働的な読書活動（紹介）ツールを作っている・実施している □ 難易度別の本の検索（紹介）ツールを作っている
5. 教育目標を達成するための「教育支援・指導」			
5.1. 教科等の支援・指導			
授業のねらいに沿った図書館資料の紹介・準備・提供	□ 必要に応じて副本を揃えている □ 必要に応じて資料を別置している □（小）授業が行われる間、使用する参考図書を別置している □ 必要に応じて資料をブックトラック等で教室に移動している □ 自校図書館で資料が不足する場合は地域の図書館から借りている □ 各学年・各教科に関する教育課程の目標・内容を理解して支援・指導している	□ 必要に応じて資料リストを作成している □ パスファインダーを作成している □（小）担任の依頼に応じて授業に関連する図書の読み聞かせをしている □ 授業の導入としてのブックトークを行っている □（小）授業提供の目的や時間数、活動などに応じ、資料提供の方法を多様に行っている（読んでき箇所別に付箋を貼ってあく、資料をグループごとにセットしておく、個別のテーマに応じた資料を準備する、教室へ貸し出す等）	□ 個別の児童生徒の発達レベルに応じて授業用資料を準備している □ 共通に利用している（ふつう、難しめのものなど）、自地図など）ワークシートを作成して館内に置いている □ 授業や教材研究に有効なインターネットの動画など、各種コンテンツを紹介し準備・提供したりしている □ 思考ツールなどをアーカイブ化し、教職員の利用に供している
学校図書館を活用した授業を行う教員との打合せ	□ 必要に応じて打合せをしている □ 必要な資料について打合せをしている □ 現在の児童生徒の図書館活用状況や、各学年で行われている図書館活用教育の情報を伝えている	□ 定期的に打合せをしている □ 打合せの目的・内容・展開などについて確認している □ 打合せ用ワークシートがある	□ 授業で指導する情報活用スキルに関する事項を確認している □ レファレンスや情報提供のタイミングや方法、TTなど役割分担について確認し提言・提案している □ 授業づくりに関して提言・提案している

項目	チェック項目
学校図書館を活用した授業への参加	□児童生徒のレファレンスに対応している □必要に応じ児童生徒の潜在的なニーズにも対応している □情報機器のセッティング、機器の操作の支援をしている
	□授業の導入として読み聞かせやブックトークをしている □授業での辞書の引き方や目次・索引の利用法、日本十進分類法など図書館資料の活用の仕方について説明している □TTとして授業の目的達成に向けて個別支援をしている □図書館を利用した授業の振り返りシートを提供している □特別な支援を要する児童生徒に対する合理的配慮を行っている □授業での図書館活用の記録をとっている
	□計画的にTTとして授業に参加し、積極的に関わり支援・指導をしている □授業で指導する情報活用スキルに関する教材を準備・作成している（思考ツール・レクチャー用のパワーポイント・用語を示す短冊・レクチャー用の「学習ナビ」や「学び方ガチャエックシート」「ワークシート」など）を教員と協力して作成している □「調べ学習」等の学習評価に関わっている □（小）授業後も児童生徒の学習の実態を情報共有し改善に役立てている
学校図書館の活用事例に関する教員への情報提供	□自校における過去の実践事例を紹介している □「先生のための授業に役立つ学校図書館活用データベース」（学芸大学）等の情報源を提供している
	□自校の教育に関連して教育的効果が高いと思われる図書館活用事例や全国学校図書館協議会などのHPから書誌情報等を通宜ダウンロードして配布している □文部科学省などの情報リンク集を提供している □指導案リンク集を提供している
	□指導案リンク集を作成している □教員の教材研究に協力している □図書館を利用した授業活用に関する授業評価例を提供している □学校図書館活用に関する各種コンクールや研修会の情報を提供している
学校図書館を活用した授業における教材や児童生徒の成果物の保存・データベース化・展示	□児童生徒の学習成果物を収集・展示したり、展示している □児童生徒ごとに周知している □図書委員会主催行事等の記録や成果物を展示・保存している
	□児童生徒の学習の成果物を収集・紹介している □授業で利用した教材のリストを作成している □課題研究発表会などの情報の記録をとっている
	□授業後に配布した資料を収集・保存している □児童生徒の課題研究のテーマをデータベース化している

5.2. 特別活動の支援・指導

項目	チェック項目
委員会活動・クラブ活動・読書クラブ等に対する助言	□図書委員会等の委員会活動やクラブ活動のニーズに応じて資料・情報を提供している	□読書クラブの活動への支援・指導をしている □さまざまな委員会・クラブ活動へ積極的に資料や情報を提供している	□委員会やクラブ活動の企画・立案に関わる情報・資料を通して資料収集に協力している
文化祭や修学旅行等、学校行事に関わる資料の掲示・提示・提供	□行事に合わせた展示を行っている □教員の依頼に応じて関連図書をピックアップし別置している	□行事に関する資料を積極的に展示・紹介している □児童生徒の関心をピックアップしている □資料掲示に応じてた時期・場所・方法を工夫している	□行事などを通してつけたい力について、教員と共通理解のもとに資料収集、提供、展示をしている

167

	ステップ1 読書活用能力育成の支援・指導	ステップ2 学習/教育活動を支援する図書館	ステップ3 学習/教育の基盤（インフラ）としての図書館

5. 3. 情報の検索方法やデータベースの利用方法についての支援・指導

資料の検索方法やデータベースの利用方法についての支援・指導
- □ 資料にアクセスしやすいように図書館を整備している
- □ 情報機器活用に関する個別支援を行っている

ステップ2
- □ 検索方法、データベースの利用について支援している

ステップ3
- □ 児童生徒の文献検索を支援している
- □ 児童生徒のICT活用能力の基準を明確化している

調べ学習に関する支援・指導
- □ 児童生徒の情報ニーズのキーワードを聞き出すようにして資料探しを支援している
- □ （小）資料の依頼に応じて教室への配本を行っている
- □ （小）各教科の単元学習に関するレファレンスに応じている

ステップ2
- □ 調べ学習の手順を掲示している
- □ 参考図書の使い方を指導している
- □ 児童生徒にオープンクエスチョンを多くして、自分で考えさせるようにしている
- □ 情報カードを印刷して常備している

ステップ3
- □ 授業のねらいにそった情報スキルの育成を支援・指導している
- □ 情報活用プロセスのどの段階にいるのか、児童生徒自身が気付けるように対話を多くして情報活用プロセスにおいて主体的に考えさせるようにしている
- □ 調べ学習の段階に応じたリストやリンク集を作成し提供している

6. 教員への支援、教員との協働

教員への支援、教員との協働
- □ 求められた資料・情報を提供している
- □ 授業事例や学習指導事例などの情報を提供している
- □ 児童生徒の良好な読書の様子を話題にしたり情報提供したりする
- □ 図書館を授業で利用する時間割表を職員室に貼り出し、自由に記入できるようにしている
- □ 図書館が授業支援としても提供できるサービスを細かく伝えている

ステップ2
- □ 授業の一部として参加している（ブックトークや利用指導等）
- □ 学校図書館を担当者が担当している
- □ ワークシートの印刷や教材づくりを支援している
- □ （小）対象学年に特化した読書指導の事例を紹介している
- □ （小）児童の自由読書について効果的な読書のさせ方や評価の仕方について事例が紹介され、読書指導の参考になっている
- □ 年間指導計画に図書館指導の改善を図っている
- □ （小）職員室に教師が自由に使える絵本コーナーを作っている

ステップ3
- □ 総合的な学習の時間の効果的な探究活動のために校内研修を行っている
- □ 情報活用（探究活動）について学習状況を質問する振り返り用紙（チェックシート）を図書館側から提供し、探究の過程の質の向上を図っている
- □ 学期末や年度末に図書館指導年間計画の見直しを行っている
- □ 情報活用方法や指導方法の改善を図り、発達段階に応じたスキルの定着が図られるよう提案や助言を行っている
- □ 学校図書館活用教育の手引き等を作成している

7. 学校図書館担当者のキャリア・アップ

学校図書館担当者のキャリア・アップ
- □ 資料の整理・組織化に関する知識・技術を持っている
- □ 子供と本をつなげる技能を持っている
- □ 教科書に目を通し指導のねらいを確認するように努めている
- □ 教材となる文学作品の背景や作家について知るように努めている
- □ 公共図書館職員や他学校図書館担当者と情報交換するよう努めている

ステップ2
- □ 出版情報を積極的に収集している
- □ 教職員に積極的に学校図書館の機能を説明している
- □ 授業に使われる資料、使える資料の概要を知っている
- □ 図書館に関する法律の概要を知っている
- □ 学習指導要領（特に総則、各教科の解説）に目を通している
- □ （小）資料を活用する単元のはじめから最後までの授業を参観するように努めている

ステップ3
- □ 職員会をはじめ校内外の各種組織に参加し教育活動全般を把握するように努めている
- □ 児童生徒に求められる能力や指導方法の最新の入手に努めている
- □ 情報活用能力はじめ教育界全般の動向に眼を向けている
- □ 各種研修会に積極的に参加している

まとめ

　『「学校図書館ガイドライン」活用ハンドブック　解説編』において資料として紹介した実例は18例，本書『実践編』で紹介した事例は22例にのぼる。これらの実践例では「はじめに」で記したように「見える化」と「仕組みづくり」を指摘している執筆者が目立った。ここでは，それらを踏まえ，学校，教育委員会，学校図書館支援センター，公共図書館の実践に見られる工夫と，実践において語られている司書教諭と学校司書の専門性について考えてみよう。

1．学校等に見られる工夫
（1）教職員の学校図書館活用を進めるための「仕組みづくり」と「見える化」
①体系表等の作成・使用
　「スキル体系表」や「学び方体系表」，「シラバス」など名称もその内容も異なるが，学校図書館活用の目標，段階，スキルなどを示して，どのように学校図書館を活用したらよいのか，司書教諭や学校司書は何をするのかなどを，目に見える形にして示すことの重要性が指摘されている。それが全教職員の全体像の把握に役立つ。そして表中に「取り組んでほしい教科」や「単元関連表」の欄を作る，「どのように活用したか」などの実践報告書を年度末に提出する，担任が月初めに学校図書館活用の授業計画を立てて予定表を司書教諭に提出する，目的によって体系表を色付けして説明する，など授業実践や授業改善の工夫が見られた。
②共通・共用ツールの作成・蓄積
　月々の予定表や授業で使った指導案，ワークシートなどを学年ごとにファイルして，誰が担任になっても4月からすぐに授業に取り掛かれるようにする。ファイルをオリエンテーションのときに渡して，昨年度の児童の学習成果物を確認してもらうと学習のゴールがイメージできる。このファイルデータを校内のサーバにおいておくと，各教員はいつでもプリントアウトできるし，必要に応じて加工して利用できる。『探究学習マニュアル』としてまとめられているものもある。誰でもいつでも使用できる共通・共用のツールは，何をすべきかを見る・理解することができ，教員間の図書館活用の経験の差を縮めることができる。
③複数人での作業担当
　ひとりで物事を進めないで，人を巻き込むことが重要である。それが協働意識を高め全体の共通理解へつながる。
　先進校視察は複数で行って情報を共有する。学校図書館経営案を研究部で検討

して職員会議に提示する。ワークシートは，学校司書，担当教諭，司書教諭，総合学習担当者などが繰り返し要望を出し合い相談しながら作成する。「先生のおすすめの本」は全教員が担当する。オリエンテーション時に本の貸出・返却の操作を教員に講習して担当者以外でも授業の際に図書館を利用して本の貸出ができるようにする。調べ学習コンクールの校内審査後の2次審査では，校長，指導主事，教諭，司書教諭，学校司書から成る審査員で行うなどがある。

④広報・展示で「見える化」

　「学校図書館，市立図書館を問わず図書館で行っていることは意識して見えるようにしないと伝わりにくい」（本書 p.153）として，白山市学校図書館支援センターでは HP で，業務内容や司書部会グループ研究の内容，調べ学習コンクール関連情報などを発信。支援センターだよりは多忙な教員の眼にとまるように一人ひとりに配布している。また，児童生徒が授業で作った本の POP や紹介文，レポート，読書感想画などを関連本と一緒に松任図書館に展示して地域の方々にも見てもらい，児童生徒の学校における学びを地域に広げ図書館活用をアピールするよい機会としている。

（2）児童生徒が気軽に利用できる学校図書館にするための「親近性」「負担感をなくす」

　学校図書館を児童生徒の身近な存在として意識させるために，キャラクターを作ったり，ネーミングを工夫したり，「お知らせ」に教員の顔（写真・イラスト）を挿入したり，POP 作りや展示などに児童生徒が参加できる場面を増やしたりする。また，自分で資料を探し返却できるように分類・配架を工夫したり，靴脱ぎ場に靴跡を絵で示して場所を明示したり，当日読みの読書会を企画したり読書感想後の評価をレーダーチャートに表したりして，児童生徒の図書館利用や読書への負担感をなくす工夫もある。

（3）利用者一人ひとりへアプローチする意識

　児童生徒であれ教職員であれ，利用者一人ひとりに学校図書館からのメッセージを届ける意識が大切である。

　展示は，児童生徒の意識・行動を勘案しながら勧誘型・誘導型・参加型・当事者型のもの作る，学年によって関心事が異なるので複数の異なる展示を用意する，よく来る生徒でも足を運ぶエリアは限られるので，展示は期間中に場所を移動する，展示内容が変わったことに気付くようにコーナー自体の向きなど配置を変え，テーブルクロスの色を変える。その他生徒との日常的な会話をきっかけに生徒の考えていることを知り，生徒主体の図書館内講演会などを企画・実施する。

　また，障害を持っている児童生徒にとって，「"読める"資料ではあるが"読み

たい"資料だろうか……一人ひとりの利用者がどのような＜質＞の情報を求めているのかを常に考え，丁寧なレファレンスインタビューを行うことが必要である」（本書 p.132）という指摘を忘れてはならない。

　教員には4月に「利用案内」を配布，教員と学校司書や司書教諭を結ぶ「連絡ノート」「授業支援打合せ記入票」，「学校図書館利用・授業支援申込書」などを司書教諭や学校司書が不在でも机上の箱に入れてもらう。教員へのアンケートを行う際には各主任ではなく一人ひとりに配布して気楽に要望をあげてもらう，図書館活用の取り組みは，「図書館通信」（年間20号発行）を通して各家庭にも発信する。

2．教育委員会，学校図書館支援センター，公共図書館に見られる工夫

　本書では，県や市の教育委員会，市教育委員会や県立市立図書館に設置された学校図書館支援センター，市立公共図書館の実践が報告された。学校図書館支援センターの職員は，その位置付けにより，教育委員会指導主事としての働きであったり，公共図書館司書に近い働きであったりする特徴が見られる。

　まず，制度的なものが挙げられる。教育委員会・教育センターに学校図書館担当指導主事をおいて窓口を明確にする。校長を館長と位置付け，司書教諭の活動時間への校務分掌上の配慮を各学校に依頼する。研究指定校制度を作る，学校図書館アドバイザーが学校訪問して指導する。そのほか，ぜひ司書教諭を教育委員会発令とし，図書館活用に関する校長研修会を開催したいものである。

　学校図書館活性化のための事業に，学校司書や司書教諭の研修，4年目教員の研修，学び方指導体系表の作成・啓発・普及，指導主事の各学校訪問による相談や，研修会，模擬授業の実施などがある。調べ学習コンクールの実施もある。

　学校司書の業務管理，各種統計，チェックリストによる学校図書館活用の評価と優秀校の認定，自治体内共通のツールの作成（ビジョン，ハンドブックの作成，業務分担表，年間指導計画等），支援センターだより等の情報発信も行われている。

　市内小中・義務教育学校の校務グループウェア（教育委員会イントラネット）に体系表や単元関連表を提供したり，学習指導案の単元目標の次に単元に関わる情報スキルを記入する欄を作ることを市立学校のルールとして徹底させたりするなど，教育委員会の指導機能が発揮しやすい支援センターもある。

　公共図書館では「支援センター」と組織化されてはいないが，「学校支援」として，資料の配送システム，調べ学習講座，郷土資料の作成・発信，『調べ学習ガイド』の作成，情報提供などが行われている。

　白山市では，「支援センターは，これまで積み上げてきた歴史を大切にし，学校図書館と市立図書館をつなぎ，"支援"というよりも，お互いが頼れる仲間と

して学校司書と"連携・協力"し，教育課程に寄与する学校図書館を支えていきたい」（本書 p.154）とある。各々特徴を生かした取り組みが各地で進められている。

3．実践に見られる学校司書と司書教諭の専門性

『解説編』には，司書教諭のカリキュラム・マネジメントへの関わり，『実践編』には高校の学校司書のシラバス作成の経緯，小学校の学校司書の読書活動と学校図書活用教育の推進の例などが述べられている。

高校の学校司書の記述にその専門性が端的に示されている。

> 司書の専門性が発揮できるのは，知識やアイデアを広げたり深めたりするための情報提供と，利用者の要望に沿ったレファレンス対応や提案である。一方，授業のねらいを持ち，情報を取捨選択し，指導案を作成するのは教諭の専門的な領域である。司書からの提案の後，"最終的に判断するのは教諭"として専門性を大切にしてきたからこそ，フェアで良好な関係作りができたと感じている（本書 p.80）

学校司書は情報・資料の専門家である。その知識と技術を駆使して教員へ提案し，司書教諭とともに情報活用能力の育成と読書指導の一翼を担う。

司書教諭はカリキュラムの作成や調整に関わることができる。学校全体のカリキュラムに横断的に関わり，どの教科にとっても基盤となり汎用的な力である情報活用能力の育成の旗振り役ができる立場にいる。紹介したカリキュラム・マネジメント実例はまさにこの例である。今後実践が増えていくべき領域である。

司書教諭と学校司書の仕事の目的は異なる。もちろん共通領域はあるが，その専門性を明確に理解してほしい。どちらかがいれば事足りるのではない。そしてこの学校司書の役割を果たすためには，数校掛け持ちや週 2,3 日の勤務体制では不充分である。学校司書は「外から入ってきた人」ではなく，学校における「同僚」であり，「一緒に教育を作る人」なのである。司書教諭と学校司書がスクラムを組んで一緒に動いてこそ，学校図書館の機能が発揮される。

また，富山市学校司書研究会の自主的な研究活動にも専門家としての矜持が感じられる。研究体制の継続，レファレンスの聞き取りのポイントなどの研究テーマの深まり，年鑑の特集記事索引などのツールの作成など，現場の必要に応じて専門性を深め確かなものにしていっている。個ではなく集団として動いてこその実りは大きい。しかし全国では，一人職場で真摯に地道に学校図書館に取り組んでいる多くの学校図書館担当者がいる。そうした学校図書館担当者の一人ひとりに本書を捧げたいと思う。

文部科学省の組織再編と図書館・学校図書館振興室の設置について

文部科学省総合教育政策局地域学習推進課
図書館・学校図書館振興室

文部科学省の組織再編

　平成30年10月16日，文部科学省組織令の一部を改正する政令の施行により，文部科学省の組織再編が行われ，従前の生涯学習政策局を引き継ぐ局として新たに総合教育政策局が設置されました。総合教育政策局では，学校教育と社会教育を通じた教育政策全体を総合的・横断的に推進し，教育基本法第3条(注)の生涯学習の理念に基づいた生涯学習政策の実現を目指すこととしています。

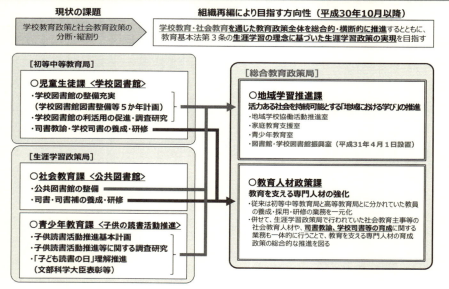

　学校図書館に関する業務については，これまでは初等中等教育局の児童生徒課が所管してきましたが，今回の組織再編により，学校図書館の整備充実と利活用の促進については総合教育政策局の地域学習推進課が所管することとなりました。同課では，従前，生涯学習政策局社会教育課にて所管してきた公共図書館の業務と，同じく生涯学習政策局青少年教育課にて所管してきた子供の読書活動の推進に係る業務についても担当することとなり，学校図書館，公共図書館，子供の読書活動関係の政策の総合的な推進を目指します。なお，司書教諭・学校司書

の養成等に関する業務については，総合教育政策局の教育人材政策課において担当することとなりました。同課では，教員の養成・研修等に関する業務に加え，司書や社会教育主事等の社会教育関係人材の養成・研修に関する業務を他の部局とも連携しつつ行うことで，教育を支える専門人材の育成政策の総合的な推進を目指します。

　組織再編により設置された地域学習推進課は，人口減少社会において，活力ある社会を持続可能なものとするための鍵は住民の主体的な社会参画にあるという理念の下，住民一人ひとりの人生を豊かにする学習，少子高齢化や人口減少など地域が直面する課題の解決や地域活性化のための学習など「地域における学び」を学校教育とも連携しながら強力に推進することを使命としています。学校図書館については，これまでと同様，その専門性を尊重しながら，学校図書館図書整備等5か年計画に基づき，図書や新聞の配備，学校司書の配置といった学校図書館の整備充実を図るとともに，新学習指導要領総則にて「学校図書館を計画的に利用しその機能の活用を図り，児童（生徒）の主体的・対話的で深い学びの実現に向けた授業改善に生かすとともに，児童（生徒）の自主的，自発的な学習活動や読書活動を充実すること。」と規定されていること等を踏まえ，学校教育における学校図書館の積極的な活用を促進していきたいと考えます。加えて，同じく新学習指導要領総則において「地域の図書館や博物館，美術館，劇場，音楽堂等の施設の活用を積極的に図り，資料を活用した情報の収集や鑑賞等の学習活動を充実すること。」とも規定されているなど，社会に開かれた教育課程という新学習指導要領の考え方に基づき，今回の組織再編の趣旨も踏まえ，公共図書館や子供の読書活動推進施策との有機的・効果的な連携を進めていきたいと考えています。

図書館・学校図書館振興室の設置

　平成31年4月1日には，地域学習推進課内に新たに図書館・学校図書館振興室が設置されました。同室では，社会の変化に適切に対応しつつ，公共図書館及び学校図書館の振興に関すること，子供の読書活動の推進に関することに加え，公共図書館と学校図書館の連携方策に関することも業務内容としています。一元化された組織において，学校図書館の整備充実，図書館の振興，読書活動の推進方策をさらに強化し，相乗効果を高めていきたいと考えています。

注）教育基本法第3条（生涯学習の理念）国民一人一ひとりが，自己の人格を磨き，豊かな人生を送ることができるよう，その生涯にわたって，あらゆる機会に，あらゆる場所において学習することができ，その成果を適切に生かすことのできる社会の実現が図られなければならない。

執筆者一覧

執筆者名は登載順，（ ）内は執筆担当箇所。
また，執筆当時の所属名のみ記した。

【Q&A】

磯部延之（Q1・Q2・Q3・Q5・Q27）
　　全国学校図書館協議会

小川三和子（Q4・Q9・Q12・Q18・Q21）
　　全国学校図書館協議会

林容子（Q6・Q7・Q10・Q22・Q23）
　　静岡文化芸術大学，常葉大学

千葉尊子（Q8・Q11・Q13・Q14・Q15）
　　神奈川県横浜市立矢向小学校

堀川照代（Q16・Q38・Q39）
　　青山学院女子短期大学

稲井達也（Q17・Q19・Q20・Q28・Q29）
　　日本女子体育大学

野口武悟（Q24・Q25・Q26）
　　専修大学

堀部尚久（Q30・Q31・Q32・Q33・Q34・Q35）
　　神奈川県横浜市立並木中央小学校

小林功（Q36・Q37）
　　全国学校図書館協議会

【実践事例】

藤原文香（実践事例1）
　　島根県益田市立高津中学校

玉木康之（実践事例2）
　　島根県安来市立母里小学校

林良子（実践事例3）
　　島根県松江市教育委員会学校教育課　学校図書館支援センター

丸本高祥（実践事例4）
　　滋賀県長浜市立木之本中学校

高橋和加（実践事例5）
　　鳥取県立鳥取西高等学校

山内裕美（実践事例6）
　　福井県立足羽高等学校

村山正子（実践事例7）
　　東京学芸大学

伊達深雪（実践事例8）
　京都府立久美浜高等学校

成田康子（実践事例9）
　北海道札幌南高等学校

小田川美由紀（実践事例10）
　島根県雲南市立掛合小学校

谷美也子（実践事例11）
　長野県立長野伊那養護学校

生井恭子（実践事例12）
　東京都立墨東特別支援学校

名取惠津子（実践事例13）
　東京都立文京盲学校

藤澤和子（実践事例14）
　大和大学

竹下亘（実践事例15）
　全国視覚障害者情報提供施設協会

香西瑠衣（実践事例16）
　京都府立盲学校

蛯谷摂（実践事例17）
　富山市学校司書研究会

生田優子（実践事例18）
　鳥取県立図書館支援協力課兼高等学校課

石井寛子（実践事例19）
　千葉県市川市教育委員会　教育センター

川口恭子（実践事例20）
　三重県亀山市教育委員会学校教育課　教育支援グループ

大橋留美子（実践事例21）
　石川県白山市立松任図書館　学校図書館支援センター

菅原朗（実践事例22）
　鳥取県米子市立図書館

【学校図書館担当者（司書教諭・学校司書等）のための学校図書館の仕事ステップアップ】

漆谷成子
　島根県立松江南高等学校

門脇久美子
　島根県松江市立大庭小学校

実重和美
　前　開星中学校・高等学校

堀川照代
　青山学院女子短期大学

おわりに

　「学校図書館ガイドライン」は絵にかいた餅であってはならない。

　学校図書館現場で目標にできる現実性がなければならない。かと言って，どの学校でもすぐに達成可能なレベルのものであってはガイドライン（指針）として役には立たない。

　この「ガイドライン」を少しでも現場に近づけようと意図したのがこの『「学校図書館ガイドライン」活用ハンドブック　解説編・実践編』である。しかし，学校図書館の整備・活用現状はあまりにも格差が大きい。両編において解説のほか，実例・事例を多く掲載したのは，これらの実践の中から，自分たちに役立つものを抽出してもらいたいからである。あの学校は○○だからできると言い訳して自校と切り離して捉えては何も進まない。他校の実践・工夫という情報をインプットして，それをどのように分析してアウトプットとして自校の実践に生かすか，それは学校図書館に関わる個々人の情報活用能力の見せどころである。ぜひ，挑戦して，さらなる実践をつくり上げていっていただきたいと願う。

　ただ，そのためには，司書教諭及び学校司書の待遇・勤務体制の改善が必至である。熱心な担当者の犠牲的精神に甘えていてはならない。働きに見合った適切な報酬があってこそ安定して先を見通して働くことができる。この問題を放置させないためにも，まずは学校図書館の整備・活用の意義が理解されなければならない。この『「学校図書館ガイドライン」活用ハンドブック』が，わずかでも学校現場及び教育委員会等の参考にしていただけることを心から願っている。

　最後に，本書「解説編」「実践編」を通してお世話になった方々に心から御礼を申し上げたい。まず，「解説編」の各章の解説と，「実践編」のQ&Aを執筆してくださった各機関・各氏へ，次いで「解説編」の実例と「実践編」の事例を提供・執筆してくださった各氏へ，そして両編のステップアップ表の作成・チェックに携わってくださった各氏へ深謝申し上げる。

　また，「刊行によせて」を頂戴した文部科学省初等中等教育局児童生徒課（解説編）及び文部科学省総合教育政策局地域学習推進課（実践編），全国学校図書館協議会の皆様へ，そして本書の出版を企画・提案してくださった悠光堂・佐藤裕介氏と，大変お世話になると同時に多大なご迷惑をおかけした編集担当の冨永彩花氏に，心から御礼と感謝を申し上げる。

2019年8月
堀川照代

今回の学習指導要領の改訂で
学校図書館が大きく変わる！

本書は，2016年11月文部科学省の「学校図書館の整備充実について（通知）」添付の「学校図書館ガイドライン」の解説書です。ガイドラインの各項目はもちろん，特別支援の視点もより詳しく解説し全8章で構成。

既刊 好評販売中

B5判・152頁・並製　定価：1,500円（税別）
ISBN 978-4-909348-09-8

堀川照代・編著
公益社団法人
全国学校図書館協議会・協力

実践編とあわせてご利用ください！

「学校図書館ガイドライン」活用ハンドブック　解説編

---- 目 次 ----

- 1章　学校図書館の目的・機能
- 2章　学校図書館の運営
- 3章　学校図書館の利活用
- 4章　学校図書館に携わる教職員等
- 5章　学校図書館における図書館資料
- 6章　特別支援学校の図書館
- 7章　学校図書館の施設
- 8章　学校図書館の評価

資料
- ○学校図書館経営方針
- ○学校図書館指導計画等
- ○カリキュラム・マネジメント
- ○学校図書館担当者の研修等
- ○学校評価書
- ○学校図書館評価表
- ○学校図書館評価表
- ○学び方指導体系表等
- ○予算要求のフロー等

本書の内容・ご注文などのお問い合わせは
株式会社　悠光堂

〒104-0045　東京都中央区築地6-4-5シティスクエア築地1103
Tel.03-6264-0523　Fax.03-6264-0524　info01@youkoodoo.co.jp
http://youkoodoo.co.jp/

運営指針と活動ノウハウがこの一冊に！

平成27年5月の本書初版刊行後に次期学習指導要領が公示され、育成すべき資質・能力の三つの柱が示されましたが、次期指導要領が目指す「主体的・対話的で深い学び」を行うためには、学校図書館の機能の活用が重要です。そこで改訂版では、学習指導要領の改訂内容を反映し、文部科学省「学校図書館ガイドライン」を考慮しつつ、第5次「学校図書館図書整備等5か年計画」による環境整備を盛り込みました。学校図書館の今後を担うあらゆる立場の方々に広くご活用いただきたい一冊です。

司書教諭・学校司書のための
学校図書館必携
理論と実践　改訂版

公益社団法人
全国学校図書館協議会 監修

学校教育の中心として、あるべき姿を法的根拠から説明し、日常校務の HowTo を現場の視点で記述。学校図書館が持つ読書センター・学習センター・情報センターとしての機能が読み解ける。小学校・中学校・高等学校のすべての学校図書館関係者が座右の書にできる一冊です。

- ●全109項目。見開きを基準としながら、知りたい内容をひと目で俯瞰できます。
- ●文部科学省、大学教授、現場校長、全国学校図書館協議会の担当者等がやさしく解説します。
- ●経営・運営から活用方法まで、新しく学校図書館担当になった日から使えます。
- ●学校図書館法に明記された学校司書の位置付け等、最新トピックスにも対応しています。

株式会社 悠光堂
〒104-0045 東京都中央区築地6-4-5シティスクエア築地1103　Tel.03-6264-0523　Fax.03-6264-0524　http://youkoodoo.co.jp/

「学校図書館ガイドライン」活用ハンドブック　実践編

2019年10月10日　　初版第一刷発行

編　著	堀川　照代
協　力	公益社団法人全国学校図書館協議会
発行人	佐藤　裕介
編集人	冨永　彩花
発行所	株式会社 悠光堂
	〒104-0045　東京都中央区築地 6-4-5
	シティスクエア築地 1103
	電話：03-6264-0523　ＦＡＸ：03-6264-0524
	http://youkoodoo.co.jp
デザイン	株式会社 キャット
印刷・製本	中和印刷株式会社

無断複製複写を禁じます。定価はカバーに表示してあります。
乱丁本・落丁本は発売元にてお取替えいたします。

ISBN978-4-909348-10-4 C3037
©2019 Teruyo Horikawa, Printed in Japan